한 줄
속담의
여유

한 줄 속담의 여유

초판 1쇄 발행 2022년 7월 17일

지은이 배기홍 / **펴낸이** 배충현 / **펴낸곳** 갈라북스 / **출판등록** 2011년 9월 19일(제2015-000098호) / 경기도 고양시 덕양구 중앙로 542, 707호(행신동) / **전화** (031)970-9102 **팩스** (031)970-9103 / **블로그** blog.naver.galabooks / **페이스북** www.facebook.com/bookgala / **이메일** galabooks@naver.com / **ISBN** 979-11-86518-54-0 (03190)

갈라북스는 다양한 생각과 정보가 담긴 여러분의 소중한 원고와 아이디어를 기다립니다.
– 출간 분야: 경제 · 경영/ 인문 · 사회 / 자기계발
– 원고 접수: galabooks@naver.com

한 줄
속담의
여유

배기홍 지음

갈라북스

기발한 착상, 절묘한 기회의 실마리

속담(俗談)을 우리 언어생활의 유산이라 해도 지나친 말은 아닐 것이라는 생각을 해본다.

아직 어린 초등학교시절 수업을 마치고 집으로 오는 오솔 길의 숲속을 지날 때면 으레 조금은 두렵고 호젓함을 느끼곤 했다.

그럴 때 마다 이웃집의 같은 반 또래와 큰 소리로 노래를 부르거나 누가 더 많은 속담을 알고 있는지 겨루면서 걸음 을 재촉하던 기억이 어렴풋하다. 이처럼 속담은 남녀노소를 막론하고 우리 주변에서 쉽고도 친근하게 언어생활의 일부로 자리하고 있다고 할 수 있겠다.

사실 인간이 만물의 영장이 될 수 있는 여러 요인 중 하나 가 대화를 통하여 자유롭게 서로의 생각이나 감정을 교환할 수 있는 언어 기능으로 그 역할과 비중은 결코 만만치 않다고 할 수 있을 것이다.

　사람들은 일찍부터 언어에 의한 의사소통의 중요성을 인식하고 보다 명료하면서도 효율적인 대화로 서로의 속내를 주고받기 위한 노력을 계속해오고 있다고 본다.

　그 한 예로 지난날 누군가 생각하고 표현하려는 마음과 뜻을 주변의 사물에 비유하거나 풍자하고 요약해가며 사용했던 말들이 격언이나 교훈이 되어 오늘 날까지 전해지고 있는 것이 속담이라고 하겠다.

　실제로 속담은 알기 쉬우면서도 짧은 어구(語句)로 되어 있지만, 그 전하는 내용은 옛 사람들의 지혜와 풍속과 사회문화적 배경이 담겨 있어 의사전달의 촉매제 역할을 한다고 할 수 있겠다.

　물론 하나의 표현이 어렵지 않게 여러 사람들의 입에 오르내릴 수 있는 어구나 뜻이 함축된 속담으로 정착되기 위해서는 오랜 세월을 거치며 다듬어져 보다 간명하고 친숙한 요건이 갖추어져야 될 것이다.

　이렇게 생성된 속담으로부터 얻게 되는 지혜와 대화에서의 여유(餘裕)는 마음속에 묻히어 있는 기발한 착상으로 연결될 수 있을 뿐 아니라 시의적절한 속담 한마디로 천 냥 빚의 궁지에서 벗어날 수 있는 절묘한 기회의 실마리가 될 수도 있다고 본다.

 물론 속담의 대부분이 과거의 시점에서 만들어진 것이기 때문에 현대적 감각이나 생활양식과는 상당한 거리가 있다고 보는 시각도 있겠지만 그러할수록 더욱 현실에 맞는 지혜와 슬기가 우러나올 수 있는 작용도 있을 것이라는 생각을 갖는다.

 더욱이 우리의 근대화 과정은 일제의 탄압과 6.25 민족전쟁을 거치면서 갑자기 밀려드는 서구문화에 현혹 될 정도의 급격한 변화로 외계와 자아의 경계가 와해되는 혼란스러움 때문에 전통적인 고유문화가 많은 수난을 겪을 수밖에 없었다고 본다. 그렇게 볼 때 우리 삶에 젖어있는 속담을 찾아 전통적 언어문화로 활성화 시키는 일 또한 그 의미가 크다고 생각할 수 있을 것이다.

 요즘과 같이 물질 우선적 생활환경과 개인위주의 사고에 따른 다양하고 첨예한 대립과 경쟁이 치열한 사회일수록 적절하고 유머러스한 속담으로 각박해지는 서로의 마음을 유연하게 할 수 있는 관계와 계기가 되리라 믿고 기대하면서 평소

한 줄 속담의 여유

에 자주 쓰이는 속담을 모아 보았다.

그리고 그 지니는 뜻과 의미를 새롭게 조명하고 풀어보면서 그 속담과 연계되는 현대적 의미를 찾아 살피고자 하였으나 제반자료나 기술(記述)의 부족으로 여의치 못한 점은 읽는 이의 많은 이해가 있어야 할 것으로 생각하며 깊은 양해를 구하는 바이다.

누구나 일상적인 생활 속에서 가볍게 주고받을 수 있는 속담은 분명히 어른이나 스승의 말씀처럼 교훈적 가치가 있고 같은 말이라도 좀 더 여유로우면서도 맛깔스럽게 나눌 수 있는 대화의 양념이 될 수 있을 것이라 믿으며 미흡한 자료와 매끄럽지 못한 글을 어렵사리 책으로 엮어 세상에 나오기까지 온갖 노력과 수고를 아끼지 않은 〈갈라북스〉 관계자들에게 깊은 사의와 고마움을 전하다.

壬寅年 여름… 公州 한적골에서

晩実 裵基鉷

●

차 례

二部 | 상식의 한 줄

三部 | 경험의 한 줄

四部 | 해학의 한 줄

五部	여유의 한 줄

一部

지혜의 한 줄

가는 세월 오는 백발

●

흐르는 세월은 멈추게 할 수 없어서 나이를 먹고 늙어짐에 따라 머리가 희어지는 것이 어쩔 수 없는 자연 순리임을 이르는 말이다.

태초부터 우주의 질서에 따라 지구가 돌아가고 있다는 사실이 인간의 개념으로는 바로 시간이란 세월이 흐른다고 본다면 돌고 있는 지구의 조화가 멈추지 않는 한 가는 세월을 탓하거나 정지시킬 수는 없을 것이다.

인간은 생명이 유한해 일단 태어나고 부터 세월의 흐름에서 벗어날 수가 없으므로 어찌어찌 하다가 어린 시절에서 청·장년기를 거치고 백발이 되는 노년기를 맞게 되어 짧은 인생과 흐르는 세월의 덧없음을 느끼게 된다.

이처럼 한번 지나간 세월은 누구도 다시 되돌릴 수 없으니 나이가 들고 늙기 전에 소중한 시간을 헛되이 보내지 않도록 하는 것은 알차고 보람된 삶을 위하여 매우 중요한 일이라 하겠다.

중국 남송 때의 유학자인 주자(朱子)는 흐르는 세월의 무정함을 탓하지 말고 젊었을 때 시간을 아끼고 부지런히 노력하여야 성공할 수 있다는 뜻으로 다음과 같은 시(詩)를 남겼다.

少年易老學難成(소년이로 학난성)

소년이 늙기는 쉬우나, 학문을 이루기는 어려우니

一寸光陰不可輕(일촌광음 불가경)

짧은 시간이라도 가볍게 생각하지 말라

未覺池塘春草夢(미각지당 춘초몽)

연못가의 풀들이 봄꿈에서 깨기도 전에

階前梧葉已秋聲(계전오엽 이추성)

섬돌 앞 오동나무 잎에서 가을소리를 낸다)

　사람의 한 평생이 이처럼 짧은데도 지체없이 찾아오는 백발은 야속하게 느껴질 수 밖에 없는 일이다. 누구에게나 지나간 과거는 많은 추억과 아쉬움을 남기게 되니 그와 같은 회한(悔恨)*을 조금이라도 줄이기 위해 지금 이 순간부터라도 후회스럽고 여한을 남기는 시간이 되지 않는 삶의 자세가 되었으면 하는 바람을 가져본다.

＊
悔 뉘우칠 회. 恨 원통할 한
지난 일의 잘못을 뉘우치거나 이루지 못한 것을 원통해 한다.

재떨이와 부자는 모일수록 더럽다

●

재떨이에 담배꽁초나 담뱃재가 많이 쌓일수록 지저분해지듯이 사람 또한 재산을 많이 모으면 모을수록 더 큰 욕심이 생기고, 욕심이 많아짐에 따라 모으는 과정이 깔끔하지 못하고 인색한 짠돌이가 되기 쉽다는 뜻으로 풀이할 수 있을 것이다.

그렇다고 단정 지을 수는 없겠지만 대부분의 사람들 마음에 욕심의 한계가 없음을 지적하고, 각자가 스스로 경계심을 갖고 욕심을 절제하여야 함을 강조하는 의미를 갖는 속담이라 하겠다.

물론 재산이 많은 부자들 중에는 모은 재산을 사회에 환원하면서 어려운 이웃을 비롯한 주변 각 분야에 도움을 주는 사람도 있지만 그 외의 많은 부자들이 힘들게 모은 재산을 지키고 유지하거나 더 많은 재산을 갖고 싶어 하는 욕심 등으로 인색해지는 경향이 있음은 흔치 않게 볼 수 있는 일이라 할 것이다. 그래서 심지어는 '아흔 아홉 섬 가진 자가 백 섬 채우기 위해 가난한 사람이 겨우 갖고 있는 한 섬*을 탐낸다'는 말이 나올 정도로 부자들의 지나친 욕망과 몰인정한 일들은 결코 쉽게 없어지지 않는 일이라고 본다.

한 줄 속담의 여유

우리 주변에는 정당하고 바르게 노력하여 재산을 모으는 사람도 있지만 일부 부자들은 재산을 모으는 과정에서 힘이 약하거나 무지한 서민들의 인권을 짓밟고 노동을 착취하는 등 고혈을 짜내듯 함으로 인해 주변의 원성을 사는 일들도 있었다고 본다.

더욱이 지난날의 왕조시대에 벼슬아치나 양반계층의 권력을 가진 자들은 신분의 우월함을 앞세우며 힘없는 백성들을 착취하는 등으로 부를 축적하는 일을 예사로이 하였기 때문에 일반 대중들의 부자에 대한 인식은 대부분 부정적인 경향이 많았다는 점은 모두가 공감하는 일이라 할 것이다.

근래에 세상이 많이 변화하며 지난날의 바르지 못했던 일들이 바로 잡아지고 있지만 아직도 정상적이고 올바른 길을 외면하면서 떳떳하지 못한 일들을 주저하지 않는 사람들 때문에 선량한 사람들이 억울함이나 분통을 터뜨리게 하고 있음은 매우 안타까운 일이다.

부자 그 자체보다 부자가 되는 과정에서 발생되는 비리와 탐욕의 정의롭지 못한 일들이 본 속담의 배경이 아닌가 생각된다.

*
'한 섬'은 보통 성인 한 명이 1년 동안 소비하는 쌀의 양을 말하던 것으로 보통 쌀 두가마니 양을 뜻한다. 쌀 한가마니는 대략 80kg으로 '쌀 한 섬'은 약 120kg 정도다.

쏘아놓은 살이요 엎질러진 물이다

●

한번 저질러진 일을 다시 고치거나 되돌릴 수 없음을 비유하는 말로 고사성어의 엎질러진 물은 다시 거두어 드릴 수 없다는 뜻인 복수난수(覆水難收)와 쏘아놓은 화살을 뜻하는 이발지시(已發之矢)로 표현되는 말이다.

그러니까 후회할 때는 이미 늦었다는 의미로 돌이킬 수 없는 일임을 이르는 말이다. 활시위를 떠난 화살이 어찌 다시 돌아올 수 있을 것이며 그릇에 담겨져 있는 물인데 그릇이 넘어지므로 인해 바닥에 쏟아졌다면 무슨 재주로 다시 거두어 담을 수 있겠는가.

너무나 당연한 사실이지만 이러한 이치로 인해 사려 깊지 않게 일을 저질러놓고 불가능에 가까운 행운을 기대해 보는 인간들의 올 곧지 못한 마음을 새롭게 해주려는 의도에서 만들어진 속담이라 할 수 있겠다.

실제로 우리가 일상생활을 하면서 이와 같은 일들은 크던 작던 간에 수없이 경험하며 그에 따른 후회 또한 반복되는 일이지만 좀처럼 개선되거나 불식되지 않는 점을 지적하며 새롭게 해주는 뜻이 있다고 하겠다.

한 줄 속담의 여유

그래서 매사에 심사숙고하고 철두철미한 사전 준비와 검토
가 있어야 한다고 생각하지만 막상 일을 시작하고 보면 미처
예상치 못했던 문제점이 나타나곤 하는 것이 우리 보통 사람
들의 삶이라고 본다.

활을 쏘는 사람이 활시위를 당겼다 놓는 그 순간은 모든 다
른 생각을 떨쳐버리고 오로지 이 화살이 날아가 목표물에 적
중되기만을 바라는 마음으로 당겼던 활시위를 놓지만 화살이
시위를 떠나는 순간 곧이어 무엇인가 미흡했었다는 후회가
든다고 하는데 이미 화살은 되돌아올 수 없게 날아가 버린 후
이니 부질없는 후회 일뿐이다.

그렇다면 누구나 자기에게 주어진 시간과 여건에 맞게 최
선을 다함으로써 미숙함이나 부주의에 의한 시행착오가 없도
록 정성과 노력을 게을리 하지 않는 생활 자세를 견지하는 것
이 중요한 우리 자신들의 몫이 될 것이다.

자식을 길러봐야 부모 은공을 안다

●

자식에 대한 부모의 사랑은 그 끝을 다 할 수 없을 만큼 크고
깊고 두터워 흔히 하늘과 같이 높고 바다와 같이 깊은 은혜라
고 하지만 실제로 그 무한한 부모의 은혜와 공로는 자신이 직
접 자식을 낳아 길러보아야 감히 알 수 있다는 말이다.

아울러 무슨 일이던 직접 경험하지 아니하고 남의 말이나
들어서는 깊은 속 내용까지 다 알기가 어렵다는 뜻을 비유해
서 나타낼 수 있는 말이라고 할 수 있겠다.

그야말로 온갖 고통과 괴로움을 이기며 인고와 사랑으로
낳아 길러주신 부모님의 뼈를 깎는 희생이 없었다면 내가 이
세상에 존재할 수가 없었을 것이니 그 은혜보다 더한 공을 어
디에 비교할 수 있겠는가.

요즘에는 의술의 발달과 의료진의 조력으로 아기를 낳는
고통도 전과 같지는 않을 것이며 낳은 후에도 바로 산후조리
원이나 어린이집 등을 거치고 계속해서 학교나 학원 등에 의
해 육아나 교육이 이루어지기 때문에 부모의 손길이 직접적
으로 미쳐야하는 기회가 예전 같지 않다고 할 수도 있겠다.
그러나 불과 몇 십 년 전까지만 해도 출산과 육아의 모든 일

한 줄 속담의 여유

들이 부모의 손길과 밀착된 정성을 쏟는 희생적 노력에 의해서 이루어졌다는 사실을 잊어서는 안 될 것이다.

그러한 부모님 은공의 지대함은 본인 스스로 자식을 낳아 길러가는 과정을 직접 겪어봐야 알 수 있지 단순하게 표현되는 말이나 행동으로는 도저히 보여줄 수 없을 정도로 크고 무한함을 강조하는 속담이라 할 수 있을 것이다.

그럼에도 물질 우선적 개인주의 위주로 생활환경이 흐름에 따라 부모에 대한 고마움이 가볍게 여겨지고 심지어는 부모를 학대하거나 폭행한다는 패륜적 행위가 언론을 통해 보도되고 있음은 결코 있어서는 안 되는 안타까운 일이라 하겠다.

요즘과 같은 물질 만능적인 주변 환경과 사회혼탁으로 일부 사람들의 비정상적인 행위가 부모은혜를 소홀하게 생각할 수도 있고 심지어는 부모학대로 나타난다고 볼 수도 있겠지만 그러하더라도 부모의 자식을 아끼고 걱정하는 마음은 감히 자식이 넘겨다볼 수 없는 무한하고 깊은 사랑과 천륜으로 이어지고 있다는 사실은 영원히 변하지 않을 것이라 믿는다.

기와 한 장 아끼려다 대들보 썩게 한다

●

우리가 보통 기와라고 하는 것은 흙이나 시멘트 등으로 만들어 지붕을 덮는데 사용하는 조그마한 물건을 말한다. 대들보는 건물의 중심적 역할을 하는 '중요하고 크다'는 의미를 갖는 건축 자재다.

요즘은 건축기술의 발달과 아파트 등 주거 환경의 변화로 기와를 이용하는 건축이 많지 않지만 예전의 한옥들은 거의 기와를 지붕에 얹어 집 안으로 들어오는 물이나 추위 등을 막았다. 때문에 '기와 한 장'이라고 하면 비록 사소해 보이지만 그 역할이나 기능은 일상 생활에 결코 소홀히 취급할 수 없다고 할 것이다.

반면에 대들보는 집이란 건축물의 중심을 떠받치고 있기 때문에 대들보가 썩어서 못쓰게 되면 기와처럼 일부만 교체하지 못하고 건물 전체를 헐어내고 다시 세워야 하는 큰 일이 된다. 그러므로 대들보가 썩지 않게 보호해주는 것이 기와인 만큼, 기와가 제 역할을 충분히 할 수 있도록 하는 비용을 아끼지 말아야 대들보를 안전하게 보호할 수 있다는 말이 된다.

이 속담은 '사소하고 조그만 것을 아끼려다 오히려 큰 손해를 볼 수 있다'는 뜻으로 이해할 수 있을 것이다.

실제로 몇 푼 안 되는 기와 한 장 아끼려다 대들보가 썩는 다면 비교할 수 없는 큰 손실을 당하게 되니 결코 소홀히 취급 할 수 없는 일이지만 우리 주변에 그러한 일들이 있기 때문에 이와 같은 속담이 나오지 않았나 생각된다.

요즘은 모두가 풍요롭고 생활이 여유로워 별로 실감이 들지 않지만 빈곤과 가난으로 삶이 팍팍했던 지난날에는 아끼고 절약하는 생활이 일상화되었고 정부에서도 근검과 절약을 지속적으로 강조해서 무엇이든 아낀다는 말이 전혀 새롭게 느껴지지 않았다.

그럼에도 이와 같은 속담이 항간에 나돌고 있었다는 것은 무턱대고 절약만 앞세우다 보면 오히려 더 큰 화를 당하게 될 수도 있다는 교훈을 주기 위해서라고 볼 수 있을 것이다.

예나 지금이나 절약하고 검소한 생활은 건전한 삶의 기본 자세라고 할 수 있겠지만 주변 상황을 보지 않고 아끼기만 한다면 이 또한 낭패스러움을 자초할 수도 있으니 적정하게 소비하고 베풀기도 하는 슬기로운 지혜가 있어야 할 것으로 본다.

콩 심은데 콩 나고 팥 심은데 팥 난다

●

콩을 심으면 콩이 나고 팥을 심은 데서 팥의 싹이 나오는 것
은 당연한 자연의 이치일 텐데 굳이 이와 같은 사실을 내세워
사람들의 마음에 각인 시키고자 하는 이유가 어디에 있나 하
는 생각을 갖게 하는 속담이다.

아마도 콩을 심고서 팥의 싹이 나오길 기대하거나 팥을 심
고서 콩을 심었다고 억지를 부리는 것과 같이 변함없는 사실
이나 세상의 진리를 부정하고자 하는 일부 사람들의 바르지
못한 삶의 자세를 걱정하는 뜻에서 나온 말이 아닌가 하는 생
각을 해본다.

물론 이와 같이 역설적인 생각이나 발상이 의외의 작용을
해서 인류문화 발전에 기여할 수도 있다는 긍정적인 측면도
있겠으나 그러한 일은 극히 예외적인 일이고 대부분의 세상
일은 콩을 심으면 콩이 나오고 팥을 심은 곳에 팥이 나는 자
연의 이치에 따라 살고 있는 것이 우리의 정상적인 삶이라 할
수 있을 것이다.

그러니까 우리의 모든 일은 원인에 의한 결과로의 순리에
따라 근거가 없는 결과를 기대할 수 없으니 좋은 결과를 얻기

위해서는 좋은 원인과 근원을 마련하는 노력이 선행되어야
한다는 뜻으로 볼 수도 있겠다.

배우는 사람들이 공부하는 노력 없이 좋은 지식을 얻거나
우수한 성적을 기대할 수 없을 것이며 만일 그러한 일이 가능
했다면 분명히 그릇되고 비정상적인 작용에 의했을 것이라고
단정해도 결코 무리가 아닐 것이다.

그러나 실제로 우리의 현실은 반드시 정의롭고 올바른 방
향으로만 진행되지 않을 때도 있어 더러는 억지스러운 일이
나 궤도를 이탈한 일들이 정상적인 흐름보다 더 앞서거나 큰
소리를 내어 바른 길을 걷고자 하는 대다수의 사람들을 실망
스럽게 하는 경우가 있다. 그러한 일들을 걱정하고 억제하기
위한 노력의 일환으로 옛 부터 이러한 속담이 전하여 오고 있
다고 보아야 할 것이다. 모든 사람들이 정의는 반드시 승리
할 수 있다는 진리를 확신하고 불의를 배척해가며 자연의 순
리와 질서를 존중하는 마음으로 비정상적인 방법이나 그릇된
행위가 발붙일 수 없는 사회가 되도록 노력하는데 주저하지
말아야 할 것이다.

열두 가지 재주 가진 자가 저녁거리가 없다

●

여러 분야에 다양한 재주를 가진 사람은 어느 한 가지 일에 전력하거나 몰두 할 수가 없어 한 가지라도 특출하거나 그 분야의 전문가로 성공하기가 어렵다는 뜻으로 풀이 해 본다.

어떤 사람이던 여러 방면으로 재주가 많으면 무슨 일이던지 할 수 있다는 자만심과 어떤 일을 선택하여야 하는지 혼란스러움이 뒤따르게 되어 한두 가지 재능에 전념하는 사람보다 오히려 성공하기가 어려울 것이라는 사실은 누구나 수긍할 수 있을 것이다.

그러니까 이것저것 못하는 일이 없다는 재주꾼 소리를 듣는 사람은 무슨 일을 하다가 조금이라도 여의치 않으면 곧바로 다른 일로 바꾸는 등 문제를 해결하고 철저하게 끝장을 보아야겠다는 의지가 약해 한 가지라도 탁월한 재능을 갖고 전력투구하는 사람에 비하여 성공하기가 어려울 수밖에 없을 것이다.

우리는 흔히 가업(家業)*이라는 말을 자주 쓰는데 할아버지나 아버지가 하던 일을 이어받아 전통을 지키고자하는 사람은 조상으로부터 물려받은 유업(遺業)에 혼신을 다해 발전

한 줄 속담의 여유

시키겠다는 장인정신이 바로 오랜 기간 가업을 이어가며 성공시키는 비결이 된다고 본다.

사람은 누구나 무한한 능력의 소유자가 될 수 없고 더욱이 요즘같이 다양한 사회 환경에서는 모든 분야에서 능통하기는 극히 어려운 일이기 때문에 각자 재능에 맞는 한두 분야에서라도 자기 능력을 마음껏 발휘할 수 있는 자기계발의 길을 찾는 것이 현명함을 강조하는 말이라 할 것이다.

물론 부득이한 예외도 있겠지만 조금만 마땅치 않아도 이런 저런 이유를 내세워 직장이나 하는 일을 바꾸다 보면 결과적으로 남는 것은 빈털터리가 될 것임은 자명한 일이다.

지금은 드문 일이지만 과거 빈곤의 시절에 가족을 책임져야 하는 가장이 마음에 맞지 않는다고 이일 저일 가리다 보면 저녁에는 아무것도 손에 들어오는 것이 없어 가족들 저녁거리조차 장만치 못한다는 사실이 속담으로 전해오고 있다고 볼 수 있겠다.

*
家 집 가, 집안 가 業 일 업
한 집안이 대대로 물려서 내려오는 직업

관 속에 들어가도 막말은 말라

●

어떠한 경우라도, 그러니까 죽어서 관(棺) 속으로 들어갈 지경에 이르더라도 말을 함부로 해서는 안 될 정도로 말이 세상 일에 끼치는 바가 크고 중대함을 이르는 속담이다.

인간이 만물의 영장이 될 수 있는 요인 중 하나가 말을 함으로써 서로 간에 의사를 원활하게 소통할 수 있었기 때문임은 누구나 아는 사실이다.

그만큼 말은 우리에게 필수불가결한 기능일 뿐 아니라 우리의 삶에 미치는 영향이 지대해서 "말 한마디에 천량 빚을 갚는다." 거나 "말로써 말 많으니 말 마를까 하노라." 하는 말들이 옛 부터 전해오고 있지 않은가 하는 생각도 하게 된다.

사실 우리가 일상생활을 하면서 꼭 해야 할 말을 못해서 가슴 답답했거나 하지 말아야 할 말을 했기 때문에 후회스러웠던 경험이 누구에게나 있을 것이다.

그와 같이 사람 사이의 모든 일이 말로 인하여 발생되고 나아가서는 크고 작은 비극의 불행을 초래하고 있다고 보아도 지나침이 없을 것이다.

그래서 말을 하는데 그 말로 인하여 예상될 수 있는 일들을

한 줄 속담의 여유

생각하며 신중해야 함을 거듭 강조하는 것이라고 본다.

쏟아진 물은 걸레로 닦거나 건조시켜 없앨 수 있지만 한번 입 밖으로 나온 말은 다시 주어 담거나 되돌릴 수 없이 듣는 사람의 마음에 인식되기 마련이다.

우리가 평소에 무심히 하는 말이라도 듣는 사람 입장에서는 마음에 상처를 받거나 기쁨이나 용기가 될 수도 있다는 점을 염두에 두고 모두가 말을 하는데 조심하는 습관을 갖도록 노력하여야 할 것이다.

우리는 일반적으로 말을 함부로 하는 사람을 경박하다거나 경솔한 사람으로 보고 반면에 조심하고 생각해가면서 말을 삼가는 사람은 신중하다고 평가함은 말이 한 개인의 품격이나 자세를 좌우하기 때문일 것이다.

인류의 역사는 말의 역사라고 할 수 있을 정도로 개인 간에는 물론이고 사회적으로나 국가 간에도 말로써 서로 간의 관계가 유지되고 제반 문제가 연관됨을 생각할 때 말이 우리의 삶에 미치는 영향이 지극하며 그럴수록 말을 조심하고 말을 삼가며 감정을 앞세워 거침없이 쏟아내는 막말을 조절하는 생활 습관을 길러야 한다고 생각한다.

도둑고양이에게 제물 지켜 달란다

●

'고양이에게 생선 맡긴다'는 말과 같은 맥락으로 믿음직스럽지 못한 사람에게 중요한 일을 맡기면 손해를 볼 수 있다는 뜻으로 속과 겉을 다르게 갖는 인간의 이중적 성격을 비난하는 속담이라 하겠다.

도둑고양이란 야생고양이를 일컫는데 요즘은 고양이도 애완용이나 반려묘 등으로 사람과 가까이 지내기도 하지만 예전에는 주로 산이나 들에 야생하면서 마을의 인가 주변으로 와서 사람들이 먹기 위해 준비해 놓은 생선이나 반찬거리 등을 훔쳐 먹는 일이 자주 있어서 보통 고양이하면 사람이 먹는 음식을 도둑질해가는 모습을 연상하게 되었다.

먹고 살기가 어려운 빈곤의 시절에 가까스로 마련해놓은 사람들의 먹거리를 고양이에게 도둑맞으면 아깝기도 하고 분통 터지게 하는 일이라서 고양이에 대한 인식이 부정적일 수밖에 없었을 것이다.

특히 가난한 살림에서 조상 제물(祭物)로 올리기 위해 가까스로 장만한 생선 등은 고양이에게도 눈독 들일만한 먹잇감이었다. 그렇기 때문에 고양이에게 도둑맞지 않으려고 깊숙

38

한 곳에 간직하여 두어도 고양이는 교묘하게 알아차리고 훔쳐가는 일이 흔했기 때문에 고양이를 경계하고 꺼려하는데 그러한 고양이에게 아예 제물을 지켜달라고 한다는 것은 얼마나 황당했고 억장이 무너질 일이기에 나온 말이겠는가.

그런데 이와 같은 일이 비록 고양이에게만 있는 것이 아니고 우리 인간 사회에서도 발생되기 때문에 일찍부터 이러한 속담이 전해오고 있을 것이다.

사람은 애초부터 혼자 살기 보다는 서로가 어울리며 공동 사회를 이루고 살도록 되었기 때문에 인간관계에 있어 신의(信義)가 가장 기본적인 덕목으로 되어 있지 않나 생각된다.

그러나 '열 길 물속은 알 수 있어도 한 길 사람 속은 모른다'는 말과 같이 가장 가깝고 믿을 수 있다는 사람이 더러는 변심하거나 배신하는 일로 세상을 떠들썩하게 하기도 하는 일들이 생기고 있다. 믿고서 맡겼던 사람의 배신으로 인해 많은 불행이나 비극적인 일을 보게 된다는 것은 매우 안타까운 일이 아닐 수 없다.

우리가 살고 있는 사회는 고양이의 짓이던 사람으로 인하던 도둑질 당하는 걱정이 없는 사회가 되어야 할 것이다.

귀머거리 삼년이요 벙어리 삼년이라

●

옛날에 어머니가 시집가는 딸에게 마지막으로 들려 주었던 가르침으로 혹독한 시집살이를 참고 견디려면 적어도 삼년 동안은 귀에 걸리는 소리를 들어도 못 들은 척하고 억울하고 분한 일을 당하더라도 아무 말 하지 말고 모든 감정과 고통을 억제하며 묵묵히 참고 견디어야 한다는 뜻에서 나온 말이다.

귀머거리나 벙어리 같은 비유가 장애인들을 비하하는 듯해서 찜찜한 표현 같지만 결코 그러한 맥락에서 나온 말이라고는 생각되지 않고 예전 여인들의 혹심한 시집살이를 강하게 나타내려는 뜻에서 나온 말이라고 본다.

유교 문화의 영향을 신봉하며 살던 지난날에 우리 어머니나 할머니들이 얼마나 힘들고 고달프게 살아왔는지를 증명해 주는 속담이라고 생각된다.

지금은 각종 교통 및 통신 수단의 발달로 고향과 타향의 개념조차 희박해지는 문명시대가 되었지만 그렇지 못했던 지난 시절에는 여자가 부모 형제와 정든 고향을 떠나 타 지역으로 시집을 가면 친정 소식을 접할 길이 막막할 뿐 아니라 마음대로 고향 집에 갈 수도 없고 오로지 시댁의 풍속에 따르고 시

부모에 맹종하며 살아야만 했던 시절의 얘기다.

그래서 아무리 어렵고 부당한 일이 있더라도 감히 타협하려 하거나 억울함의 호소는 상상도 못할 일이며 비록 옳고 바른 말을 하더라도 버릇없게 말대꾸한다고 더 큰 화를 당하기 때문에 언감생심 입을 열지 못하고 살아야 했던 시절이 그 당시의 현실이라고 보아야 할 것이다.

그러한 여건 속에서 오로지 믿고 의지해야 할 사람은 남편이었겠지만 신랑마저 나이가 어린 철부지이거나 자기 아내의 어려움을 알아 챙기어 주지 않고 시댁 식구의 편을 들기만 하는 사람이라면 갓 시집 온 새 색시의 고통과 설움은 더했을 것이다.

다행히도 오늘날에는 이와 같은 폐단이 개선되고 남녀 차별을 비롯한 모든 인권이 중시되는 시대로 변하였지만 이 또한 우리의 어머니나 할머니들이 그와 같이 어려운 고난의 시대와 과정을 거치는 수고와 노력이 있었기 때문이라고 생각된다.

항우장사도 댕댕이 덩굴에 넘어진다

●

항우(項羽) 같이 힘이 세고 굳센 장사(壯士)라도 방심하거나 경계심을 늦추고 주의를 소홀히 하다가는 댕댕이 덩굴처럼 하찮은 나무 덩굴이나 풀뿌리에 발이 걸려 넘어질 수도 있으니 항상 주의하고 조심하는 마음으로 살아야 한다는 의미를 지닌 속담이라 할 수 있겠다.

여기서 말하는 항우는 중국 역사소설 초한지(楚漢志) 등에 나오는 중국 진 나라 말기의 무장(武將)으로 뒷날 한(漢)고조가 된 유방과 싸우다 패한 후 스스로 목숨을 끊은 힘세고 우직한 장수의 상징으로 전해오는 초 패왕을 일컫는다.

또한 댕댕이 덩굴은 누런 잎을 가진 덩굴식물로 볼품없는 잡초 등과 함께 숲속에서 나와 3미터 이상을 땅위로 기어가거나 다른 나무 등에 감기고 기대어 자라는데 그 줄기가 가늘고 질기어 산골 사람들은 그 덩굴을 잘라 새끼줄을 대신하거나 소쿠리 등을 만들기도 하는 덩굴류 식물을 말한다.

그러니까 항우처럼 힘세고 꿋꿋한 장수라도 보잘 것 없다고 무시하거나 방심 하다가는 오히려 발에 걸려 넘어질 수도 있으니 언제나 긴장을 늦추지 말고 조심하며 살아야 한다는 뜻이다.

　인류 역사가 자연이치를 따라 이어져 내려오고 있다고 보겠지만 특히나 요즘은 모든 것이 다양하고 서로 간의 이해관계가 복잡하게 얽히는데다 급변하는 디지털 문화로 인하여 잠시라도 한눈을 팔거나 정신을 놓으면 따라잡기 어려울 정도로 모든 일들이 빠르게 변하고 있는 실정이다.

　이러한 와중에서 평소에 대수롭지 않게 생각하던 일이라고 태만히 하다가는 예기치 않았던 장애나 악재로 낭패를 당할지 모르는 오늘을 살아야 하는 우리는 언제나 유비무환(有備無患)*의 자세로 오늘의 무사하고 편안함에 머무르지 말고 내일의 예상치 못한 위급함을 대비하여 세심한 주의를 다 하는데 소홀히 하지 말아야 할 것이다.

*
有 있을 유 備 갖출 비 無 없을 무 患 걱정 환
평소에 준비를 철저히 하고 있으면 걱정할 것이 없다는 뜻의 사자성어

도둑놈은 한 죄 잃은 놈은 열 죄

●

도둑질을 한 사람은 훔친 죄 하나 밖에 없지만 도둑을 맞아 물품을 잃은 사람은 물건을 잘못 간수 한 죄, 남들로 하여금 물건을 훔치고 싶은 마음을 일으키게 하고, 물건을 잃어버림 으로 인해 다른 사람을 의심하는 등 막상 물건을 도둑질 한 사람보다 더 많은 측면에서 주의를 소홀히 했다고 할 수 있으 니 평소에 잃지 않도록 잘 보관해야 한다는 말이다.

언뜻 생각하기에는 도둑맞아 아끼던 물건을 잃어버린 것도 속이 상한데 오히려 도둑맞은 사람의 이것저것 잘못된 점을 들춰내니 너무 지나치다고 생각할 수 있겠으나 도둑질을 할 수 있는 여건이나 빌미를 제공한 것만은 분명한 부주의나 불 찰이라고 지탄받을 만한 일이다.

더욱이 누구나 소중하게 간직하던 물건을 잃거나 도둑질 당하고 나면 이 사람 저 사람 상기해 보며 혹시나 하는 의심 을 가질 수 있게 되므로 실제 도둑질을 한 사람을 제외한 다 른 선량한 사람을 애매하게 의심해 본 속 마음을 죄스럽게 생 각할 수도 있는 일이라고 본다.

물론 자기 소유가 아닌 남의 물건을 주인 몰래 훔치는 도둑

한 줄 속담의 여유

질은 당연히 정당하지 못하고 지탄과 벌이 뒤따라야 할 것이다.

 그렇기 때문에 자기의 주변 관리를 철저히 하고 도둑질의 대상이 될 수 있는 귀중품의 보관을 잘하여 도둑질 할 수 있는 여지를 보이지 않는 일은 우리사회에서 도둑을 없애고 건전하게 안심하고 살 수 있는 환경을 조성하는 사회구성원으로써의 책무라고 하겠다.

 요즘 '코로나19' 바이러스 때문에 온 세상이 공포와 방역의 고통에 잠겨 사회적 거리두기와 비대면 등 기존의 인간관계를 억제하고 예방을 위한 자기관리나 철저한 거리두기 생활 등에 치중하다보니 일부 감염된 자의 부주의를 탓하려는 시각으로 보는 경향도 있음은 도독 질 한 자보다 도둑맞은 사람의 부주의가 더 크다고 보는 관점과 같은 맥락으로 평소에 조심하고 주의를 다하여야 함을 강조하는 뜻에서 나타나는 현상이라 할 수 있겠다.

가난한 집 제삿날 돌아오듯

●

평상시 하루하루 살림 꾸려가기도 어려운 형편인데 제물로 쓸 음식 하나라도 새롭게 장만해서 제사상을 차려야 하는 제삿날이 자주 돌아오면 그 일을 치르느라 어려움을 겪듯이 힘든 일을 자주 치르게 됨을 비유적으로 이르는 말이다.

동양문화의 근간이 되는 유교의 영향을 받으며 살아온 우리나라에서는 조상 제사를 잘 모셔야 한다는 의식이 생활 저변에 큰 비중을 차지하고 있다고 본다. 그래서 제삿날이 되면 몸과 마음을 가다듬고 부정하거나 혐오스러운 일을 멀리하면서 각종 제수 물품을 새롭게 장만하여 정성껏 제사상을 차리는 등 죽은 조상을 잘 모시는 일을 집안의 큰 행사로 여기는 전통이 있다.

또한 유교식 제례(祭禮)* 의식에 따르다 보니 부모뿐 아니라 조부모, 증조, 고조까지 4대에 이르는 조상들의 제사를 집안에서 지내야 하는 관계로 소위 종갓집에서는 해마다 많은 제사를 모셔야 하는 경우가 흔치 않았다고 본다.

그러다 보니 살림의 여유가 있고 생활이 넉넉한 집안에서는 별 문제가 없겠지만 어린 자녀들을 비롯한 여러 식구들이

한 줄 속담의 여유

먹고 지내기도 여의치 못한 집안에서는 조상 제사를 모시는 일이 여간 큰 일이 아니었을 것임을 충분히 짐작할 수 있는 일이다.

더욱이 제삿날이면 4촌이나 6촌 등 여러 친척들까지 제사에 참여한다고 찾아오게 되고 제사 준비가 시원치 않으면 조상 제사에 정성이 부족하여 준비를 소홀히 했다는 등 뒷말을 남기기도 하니 사실 제삿날이 가까워질수록 많은 부담과 소위 스트레스가 쌓일 수밖에 없을 것이다.

사람은 누구나 예상치 못했던 난관이나 어려움을 겪어야 하는 때도 있고 그러한 일이 어쩌다 한두 번 있어도 헤쳐나가기 힘들고 어려운데 하물며 잇따라 여러 번 계속된다면 그야말로 힘들고 짜증스러울 수 있는 일이기에 가난한 집 제삿날 돌아오듯 한다는 푸념이 나오게 되었다고 본다.

---

*
祭 제사 제 禮 예절 예(례)
조상을 숭배하는 제사를 지내는 예절을 통칭

종로에서 뺨 맞고 한강에서 화풀이 한다

●

욕설이나 모욕을 당할 때는 아무 말도 못하고 뒤에서 불평하거나 엉뚱한 곳으로 가서 화풀이를 할 때 흔히 쓰는 말이다.

조선시대 후기 종로에는 조정으로부터 공식적으로 허가를 받은 육의전(六矣廛)*이라는 시장이 열렸다. 이곳에서 비단이나 종이, 어물 등의 물품을 판매하였는데 그곳 상인들은 허가 받은 상행위임을 앞세워 의기가 양양하고 지나친 위세를 부렸다고 한다.

한편 마포나 노량진 등에서는 한강의 물길 따라 전국의 물품이 한양으로 들어오는 입구임을 이용해 비공식적인 시장, 즉 난전이 형성되었는데 난전은 애초부터 불법으로 운영되기 때문에 관리들이 지금의 노점상 단속과 같이 가끔 중요한 물품의 암 거래 등을 단속하였으므로 이곳에서 장사하는 상인들은 늘 조바심을 갖고 지냈다고 한다.

그러한 연유로 종로의 시전에서는 상품을 흥정하는데 위세 높은 상인들과 시비가 벌어져도 맞대응을 못하다가 한강의 난전에 가서는 힘없는 상인들에게 큰소리치며 화풀이하는 일이 자주 있어 생긴 속담이라고 전해진다.

한 줄 속담의 여유

지금은 종로에서 한강까지 바로 이웃과 같은 지근거리로 느껴지지만 각종 교통수단이 발달되지 않았던 그 당시에는 결코 가까운 거리가 아니었음을 생각해볼 필요가 있다.

사실 누구나 뺨을 맞는다는 것은 맞아서 느끼는 아픔이나 고통보다 얼굴, 즉 면상을 압박당한다는 인간적인 무시와 치욕스러움으로 분노가 치밀어 오르게 된다. 대부분 그런 자리가 때리는 사람의 위세 또는 주위의 여건 때문에 곧바로 대항하거나 분풀이를 할 수 없는 처지가 되므로 그냥 당하고 있을 수밖에 없는 경우가 될 것이다.

그러다가 그 자리를 벗어나서는 어데서 인가 마음속에 맺혀진 분을 풀어야 할 텐데 그러한 사람의 일반적인 심정을 그 당시 종로와 한강의 상인들 심정에 비유해서 풀어낸 속담이라고 생각된다.

---

*

六 여섯 육 矢 어조사 의 廛 가게 전
조선 시대 국가의 수요품 조달을 위해 독점적인 상업권을 부여 받았던 여섯 종류의 큰 상점을 말한다. 여섯 종류의 물품은 한지(지전 紙廛), 수산물(어물전 魚物廛), 삼베(포전 布廛), 비단(선전 縇廛), 면포(면포전 綿布廛), 명주(면주전 綿紬廛) 등이다

하늘이 무너져도 솟아날 구멍이 있다

●

아무리 힘들고 어려운 일이 앞을 가로 막는 경우라도 헤쳐 나
갈 수 있는 길이나 방법이 있으니 절망하거나 용기를 잃지 않
아야 한다는 뜻을 가진 말이다.

　이 세상은 누구든 치열한 생존 경쟁이나 거칠고 혼탁한 생
활의 장애에 직면 할 수도 있고 모든 일이 마음먹는 대로 순
조롭게 이루어지는 일이 드물다는 사실을 잊지 말아야 할 것
이다.

　그래서 불교에서는 이 세상을 사바(娑婆)* 세계라고 하며
우리가 살고 있는 현실 자체가 각종 고난을 극복해 가는 과정
이라고 보기도 한다.

　이와 같이 우리가 살고 있는 현실은 언제나 예기치 못하는
힘들고 어려운 일과 맞닥칠 때가 있는데 그 중에는 도저히 이
겨내거나 헤쳐 나갈 수 없을 정도로 절망적인 난관이나 장애
가 앞을 가로 막고 있는 경우도 만나게 된다.

　이러할 때라도 모든 것을 포기하지 말고 사그라지는 삶의
불꽃을 다시 살리겠다는 의지와 용기를 갖고 새롭게 시도하
도록 마음을 다잡을 수 있는 말이 바로 이 속담이 될 것이다.

한 줄 속담의 여유

더욱이 요즘처럼 극단적 선택의 뉴스가 언론에 자주 등장하고 있는 때 우리 모두가 이 속담을 다시 새롭게 상기시켜야 할 것이라고 생각된다.

과학문명이 발달하고 인공지능이 활발해질수록 인간은 스스로 왜소함을 느끼게 되고 무슨 일이든 해 보아도 안 된다거나 할 수가 없다는 절망감에서 모든 것 자체를 포기하려는 경향이 많아지고 있음은 매우 안타까운 일이다.

원래 겁쟁이들은 미리부터 겁을 내어 시작조차 하지 않으려 하고 용기가 부족한 자들은 끝까지 지속하지 못하고 중도에서 포기하지만 굳은 신념과 용감한 정신으로 강인하게 무장된 자들은 결코 낙심하거나 포기하여 실패하는 일이 없을 것이라 믿는다.

넘어지고 꼬꾸라져도 지칠 줄 모르고 다시 일어서는 오뚝이처럼 강한 의지와 꿋꿋한 정신으로 다시 도전하다보면 솟아날 구멍이 생길 것이라는 확신을 갖고 살아야 할 것이다.

소도 언덕이 있어야 비빈다

●

무슨 일이든 약간의 의지할만한 곳이나 뒷받침이 있어야 목적 한 바를 달성하기가 용이하다는 말이다.

요즘은 소도 수십 또는 수백 마리씩 축사에 가두어 기르는 전문 축산업으로 발전했다. 하지만 예전에는 농촌의 일반 가정에서 한두 마리씩 기르기 때문에 소가 등이 가려우면 언덕 같은 곳에 비벼서 가려움을 해소하였고 언덕이나 기둥이 없으면 아무리 등이 가려워도 해결할 수가 없었다. 이렇듯 사람도 어떠한 일을 할 때에는 그 일에 대한 예비 지식이나 자금 등 최소한의 밑천과 도움이 있어야 된다는 뜻으로 받아드려야 할 것이다. 그러니까 일을 착수할 수 있는 경제적 밑바탕이나 환경과 여건이 갖춰져야지 아무 의지할 것이 없고 빈털터리 상태에서 단순한 의욕이나 꿈만 갖고서는 일의 시작도 추진도 쉽게 할 수 없다는 뜻으로 보아야 할 것이다.

먹고 살기가 어려웠던 지난 시절에는 시골에 살면서 일상적으로 겪어야 했던 보릿고개와 같은 굶주림에서 벗어나려고 무조건 집을 뛰쳐나와 일가친척 하나 없는 서울로 가서 온갖 고생을 다해가며 성공했다는 사람들이 있었다는 얘기를 들으

한 줄 속담의 여유

면 이 속담이 꼭 인생살이와 일치한다고 볼 수도 없겠다. 그러나 무슨 일을 하려면 물속에 빠진 사람이 지푸라기라도 잡으려 하듯이 의지할 만한 것이 있어야 한다는 사실을 간과하지 말아야 할 것 같다.

　사람은 사회적 동물이기 때문에 무슨 일이든 혼자의 힘만으로는 이루기가 어렵고 도움이나 의지가 되는 주변의 여건이 조성되어야 각종 경쟁이나 장애를 극복하며 성공의 길에 가까워 질 수 있다고 본다.

　이럴 때 부모나 스승 또는 선배들이 의지가 되어서 어려움을 얘기할 수 있고 자문이나 지원을 받을 수 있다면 그것이 바로 소가 가려운 등을 비빌 수 있는 언덕 역할을 하는 것과 같다고 볼 수 있겠다. 그러나 모두가 그와 같이 의지할 곳이나 도움을 받고 살아갈 수가 없고 그야말로 무원고립(無原孤立)*되는 경우도 있는 세상이기 때문에 이와 같은 속담이 전해 내려오고 있다고 보아야 할 것이다.

*
無 없을 무　原 근원 원　孤 외로울 고　立 설 립
드넓은 벌판에 혼자 서 있는 것처럼 주변에 도와줄 사람이 아무도 없는 외로운 상황을 일컫는 한자성어다.

윗물이 맑아야 아랫물도 맑다

●

너무도 당연한 말이지만 결코 한 귀로 흘려보내지 말고 우리 모두가 가슴에 담아두어야 할 격언이라고 생각한다.

흐르는 물은 반드시 위와 아래가 있듯이 우리가 살고 있는 인간사회 또한 어떤 분야이던 똑같이 수평적이지만은 않고 크고 작거나 높 낮이와 앞 뒤 등의 차이가 있기 마련이다.

인간은 처음부터 여럿이 어울려 서로가 돕거나 도움을 받아가며 살도록 되어 있기 때문에 어느 단체나 조직을 막론하고 사람들이 공동으로 생활하는 곳에서는 반드시 순서나 차례가 있게 되고 그 차례에 의한 질서를 지키는 것이 바로 전통적 동양문화의 근간을 이루는 예(禮)라고 생각해도 무방할 것으로 본다.

그래서 조선시대의 성리학은 물론 고대 중국에서부터 전하여오는 사람이 지녀야할 기본 덕목의 하나로 장유유서(長幼有序)*, 즉 집안에서는 형제간에 차례를 지키고 집을 나가면 연장자와 연소자 간의 차례와 질서가 지켜져야 한다고 강조해 왔던 것이다. 이 말은 곧 형이나 연장자, 즉 어른이나 윗사람의 행실과 책임이 막중하다는 말도 될 것이다.

오늘날에도 모든 직장이나 단체 등에서 위에 있는 자와 아래 자리에 있는 자, 또는 먼저 온 자와 뒤에 온 자 등으로 선후를 구분하고 각자의 위치와 본분에 맞도록 생활함으로써 원만하게 질서를 유지하며 공사간의 발전을 도모하고 있다고 본다.

여기에서 윗자리에 있거나 앞에 서는 사람 또는 나이가 많은 사람의 행실은 아래에 있거나 뒤따르는 사람 그리고 나이가 어린 사람들에게 반드시 영향을 미치게 된다는 사실을 모르는 사람은 없을 것이다.

우리 모두가 내 뒤에 오는 사람들에게 좋은 모습을 보여주지는 못할망정 옳고 바르지 못한 길을 걷게 해서는 안 된다는 최소한의 책임감과 도덕심을 갖는다면 이 사회는 훨씬 더 밝고 바르게 발전되는 앞날을 기대할 수 있을 것이다.

＊
長 길 장 幼 어릴 유 有 있을 유 序 차례 서
어른과 어린이 또는 윗사람과 아랫사람사이에는 지켜야 할 본분과 질서가 있다는 뜻임

부지런한 물레방아는 얼 새도 없다

●

멈추지 않고 계속 돌아가는 물레방아는 추위에도 얼어붙어 정지되지 않는다는 말로 무슨 일이던 쉬지 않고 꾸준히 하면 실패 없이 뜻하는 대로 소기의 성과를 거둘 수 있음을 이르는 속담이다.

겨울철 강추위가 계속될 때 집 밖에 있는 수도꼭지를 완전히 잠그지 말고 물이 조금씩 흐르게 하면 수도의 동파를 막을 수 있다고 안내하는 경우를 종종 볼 수 있다. 계속 물을 흐르게 함으로써 물이 동결될 빙점의 기회를 주지 않는 것이다.

이와 같은 원리로 보면 무슨 일이던 일단 시작을 하고 나면 중간에 쉬거나 멈추지 않고 계속해서 꾸준하게 밀고 나가야 중도에서 탈이 나거나 낭패를 보는 일 없이 당초 목적했던 바를 달성할 수 있을 것이다.

이는 근면 성실한 삶의 자세를 강조하는 말이라고 할 수 있다.

요즘에는 잘 쓰지 않는 말 같지만 경제 개발과 성장의 뿌리가 되었다고 세계적으로 인정받는 우리나라 새마을 사업의 추진동력이 바로 근면과 성실이었음은 누구도 부인할 수 없는 사실이라고 할 것이다.

그 당시 새마을을 위한 공동작업에 참여하면서도 한편으로는 자기 나름대로 개인의 일을 해서 자녀들을 양육하고 교육시킨 대부분의 사람들이 밤낮으로 힘들고 고단함을 이기며 쉬지 않고 노력했기 때문에 오늘과 같은 성장과 풍요를 누릴 수 있게 되었다는 사실을 결코 잊지 말아야 할 것이다.

이 세상에 우리가 살아가기 위한 어떤 일이든 힘들이지 않고 원하는 대로 이루어지는 일은 드물다고 생각한다.

모든 일이 진행하다 보면 나름대로의 장애나 어려움이 있기 마련이고 그러한 과정을 극복해가며 포기하거나 멈추지 않는 꾸준한 노력이 뒤따라야 성공된 결과를 얻을 수 있지 조금 힘들다고 중도에서 물러서거나 요행수나 바라는 나약한 마음으로 결코 좋은 결과를 얻을 수 없을 것이다.

멈추지 않고 돌아가는 물레방아의 꾸준한 노력과 끈기의 힘은 우리의 삶에 많은 교훈이 된다고 볼 수 있다.

말은 해야 맛이고 고기는 씹어야 맛이다

●

사람은 마땅히 표현하고자 하는 속내가 있으면 반드시 겉으로 말을 해야 한다는 속담이다.

우리의 입은 대체적으로 속에 있는 생각이나 마음을 겉으로 나타내기 위한 말을 할 수 있는 작용과 몸을 유지하기 위한 각종 음식을 섭취하는 기능을 갖고 있어 말을 하는 것과 음식물을 섭취하는 일은 비슷하면서도 우리 생활에 꼭 필요하고 중요한 일이므로 두 기능을 함께 비유해서 강조했다고 본다.

남들이 나를 이해해주지 않는다고 탓할 것이 아니라 내 마음속에 품고 있는 생각을 상대가 알아볼 수 있도록 충분하게 설명한다는 것은 사회생활을 하는데 매우 중요한 일이 아닐 수 없다.

물론 이치나 경우에 맞지 않고 줄거리도 없는 말을 많이 하는 것도 좋지 않지만 시의에 적절하고 꼭 해야 할 말을 분명하고 확실하게 표현하지 않고 속에만 담고 있는 일은 개인적으로나 사회적으로 결코 도움이 되지 않을 것이다.

우리가 흔히 말하는 화병이니 우울증이니 하는 것의 대부

한 줄 속담의 여유

분이 어떠한 사유로 인해 충분한 대화가 되지 않아 답답함을 속에 담고 혼자서 끙끙 앓는 현상에 의해 나타나는 병이 아닌가 생각된다.

마찬가지로 아무리 좋아하는 음식이라도 천천히 씹어야 그 맛을 제대로 느낄 수 있지 그냥 우물거리며 급하게 삼키다 보면 진정한 맛을 알 수 없음은 지극히 당연한 사실이다.

모든 사람들이 서로 생각하는 바가 각기 다르므로 그 생각과 마음을 소통하는 대화가 잘 이루어지지 않음으로 인해 인류 역사에 많은 혼란과 불행스러운 일들이 있어 왔음은 지나온 역사와 경험으로 알 수 있는 일이다.

말이란 사회생활을 하는데 그 만큼 중요한 역할을 하기 때문에 사람들은 각자가 해야 할 말과 해서는 안 될 말을 구분할 수 있는 절제 또한 매우 필요한 일이라고 본다.

말을 함으로써 나에 대한 상대의 오해와 내 속의 답답함이 풀리는 일이라면 분명히 말을 하고 볼 일이겠다.

열길 물속은 알아도 한길 사람 속은 모른다

●

사람의 속마음을 알기란 매우 어렵다는 뜻인데 아무리 깊은 물속이라도 그 깊이나 물속의 상태를 알아볼 수 있지만 한 길도 안 되는 사람의 마음은 자기 자신이 아닌 그 누구도 뚫어 보거나 헤쳐서 알아볼 수 없다는 말이다.

여기서 한 길이란 보통 사람의 키 정도 높이나 길이로 이해하면 될 것이다.

사람이 사람 마음을 알 수 없음으로 인해서 인류 역사의 많은 비극이나 사회적 혼란이 있어 왔다는 사실은 누구도 부인하기 어려운 일이다.

이 세상에서 가장 가깝다고 자처하는 사이나 심지어는 같은 핏줄을 갖고 태어난 동기간 조차도 서로의 마음을 단정 지을 수 없을 정도로 사람마다 다른 마음의 깊이를 확인할 수 없음을 이르는 말이다.

그래서 우리는 믿음이나 신의라는 수단을 이용해 각자의 마음과 마음을 대화로 연결해 서로 알아보고 신뢰할 수 있도록 함으로써 원만한 관계를 유지하며 사회 기틀을 세우고자 하지만 그런 와중에서도 더러는 배신이나 변심 등으로 많은

한 줄 속담의 여유

문제가 야기되고 있음은 사람의 진실한 속마음을 알아볼 수 없기 때문에 일어나는 현상이라고 할 수 있을 것이다.

오랜 기간을 동고동락하며 크고 작은 많은 일들을 함께하고 생사를 같이 하자고 맹세하던 사이에서도 어느 순간 서로의 생각이 다르게 되면서 등을 돌리는 사례들이 옛날부터 흔치 않게 있어 왔기 때문에 이와 같은 속담이 일반화되었을 것으로 본다.

한자로 충(忠)은 중국 고전인 논어에서 충(忠)과 서(恕)로 표현되기도 하는데 모두 사람의 마음으로 이루어지는바 충은 나의 진실한 마음이고 서는 내 마음을 미루어 상대의 마음을 헤아리는 것이라고 풀이하기도 한다.

그러므로 충과 서가 인간관계를 원만하게 가꾸어가는 기본이라고 주장하기도 하는데 이와 같은 일은 옛 날부터 사람의 속마음을 확실하게 알 수 없기 때문에 생기는 제반문제를 줄이고자 하는 뜻에서 나온 것이라 생각할 수 있을 것이다.

고생 끝에 낙(樂)이 온다

●

힘들고 어려운 일을 겪고 난 뒤에는 반드시 즐겁고 좋은 일이
생긴다는 말로 많은 난관을 극복해가며 공부하는 젊은이들은
물론 온갖 고생스러움을 무릅쓰고 열심히 살아가는 모든 사
람들에게 희망을 주며 용기를 잃지 않도록 하는 격언이다.

　한문으로 된 고진감래(苦盡甘來)*를 우리말로 풀이하면 바
로 '고생 끝에 낙(樂)이 온다'가 된다.

　당연하고 평범한 말이라고 할 수 있겠지만 이 보편적인 진
리가 모든 사람들의 가슴 속에 각인됨으로써 현재의 어렵고
힘든 일을 헤쳐 가며 묵묵히 살아갈 수 있는 희망의 원동력이
된다고 보아야 할 것이다.

　실제로 우리가 살고 있는 현실은 꼭 그렇지마는 않아서 어
려운 일을 가까스로 거치고 나면 또 다른 시련이 밀려오는 등
고난이 겹쳐지는 경우도 있기 마련이라 그럴수록 더욱 강한
신념과 굳건한 의지가 요구되기도 하는데 이럴 때 바로 고진
감래의 속담이 희망의 등불 역할을 할 수 있다고 본다.

　이렇게 견디기 어려운 일이나 도저히 극복할 수 없다고 느
껴지는 최후의 순간을 다시 한 번 더 참고 견디어내는 강한

집념이나 끈기를 갖는다면 결국에는 그 고통과 역경을 이겨
낸 즐거움을 체득할 수 있을 것이고 그렇지 못하고 포기한다
면 패배와 실망의 낙오된 사람이 되고 말 것이다.

요즘과 같이 극단적인 선택을 하는 사람들의 뉴스가 언론
에 자주 보도되는 것을 보면 그럴 수밖에 없는 시대적 혼돈이
나 암울한 현실이 안타깝기도 하지만 한편으로는 근래의 물
질적 풍요 속에서 개인적 향락이나 기회적인 요행만을 추구
하느라 본래 인간이 갖는 강인하고도 견고함을 잃어가는 것
같은 아쉬움이 들기도 한다.

물에 빠진 사람이 지푸라기 하나라도 잡으려고 온 힘을 다
하는 것은 단 하나뿐인 생명의 소중함을 지키겠다는 본능에
의해서 인 것처럼 거칠고 험한 세상을 살기 위해서는 비록 당
장의 어떠한 고통이라도 기어이 극복하고야 말겠다는 굳건하
고 강인한 삶의 자세를 견지하여야 할 것이다. 그렇게 견디다
보면 분명히 어려움에서 벗어날 수 있는 변화의 이치와 자연
의 순리가 어려운 현실극복의 힘이 되어 줄 것이라 믿는다.

*
苦 쓴맛 고　盡 끝날 진　甘 달 감　來 올 래

목수가 많으면 집 무너뜨린다

●

여럿이 하는 일에는 의견이나 말이 많아 각자 자기주장만 앞
세우다보면 일의 추진이 잘 되지 않고 도리어 좋은 결과를 얻
기가 어렵다는 뜻을 지닌 속담이다.

우리가 흔히 쓰는 '사공이 많으면 배가 산으로 올라 간다'
는 말과 같은 뜻을 가졌다고 본다.

한 가지 일에 여러 사람의 의견이 각기 다르고 통합되지 않
으면 결론이 나지 않고 오히려 혼란스러워 질 수 있듯이 집을
짓는 목수가 많고 각자가 자기 의견이나 방식대로만 주장하
면 좋은 집을 짓기는커녕 아예 짓던 집을 무너뜨리게 될수도
있을 것이다.

그러므로 사람들의 의견이나 생각이 다양할 때는 이를 조
절하고 종합하는 역할이 반드시 필요하다고 본다.

요즘은 그렇지 않지만 옛날에 집을 지으려면 보는 사람마
다 기둥을 어떻게 세워야 한다거나 굴뚝은 어느 쪽으로 내야
하고 구들돌을 어떻게 놓아야 방이 따뜻하다는 등 각자 나름
대로 한마디씩 하니 정작 집을 짓는 집 주인은 누구 말을 들
어야 할지 종잡을 수가 없어 그저 혼란스러움에 처할 수도 있

게 된다.

그러므로 여러 사람들의 의견이 다분하거나 참견하는 사람이 많을수록 당초 세웠던 계획을 굳건히 하기가 어려워 무너지기 쉽고 튼튼치 못한 집을 짓게 될 수 있으므로 이와 같은 속담이 나왔으리라 본다.

그렇다고 집 짓는 일과 같이 큰일을 하는 것을 보고 자기 나름대로의 경험이나 지식에 의한 의견을 얘기하거나 조언하고 충고해주는 사람을 나쁘다고 탓할 수는 없는 일이다.

그러한 사람들의 말에서 얼마든지 좋은 방법이나 쉽고 편리하게 일을 할 수 있는 수단을 얻을 수도 있을 것이니 말이다.

그러므로 이 속담에서 강조하고자 하는 것은 무슨 일이던 어렵고 큰 일을 하다보면 여기저기에서 여러 의견이나 많은 말을 들을 수 있으니 그럴 때 마다 자기생각과 연관시켜 취사선택할 수 있는 확실한 주관이나 당초 계획을 뚜렷하게 하고 강력하게 추진할 수 있는 소신과 굳건함을 갖고 주변에 의해 흔들리는 일이 없어야 한다는 뜻으로 받아들여야 할 것이다.

오르지 못할 나무는 쳐다보지도 말라

●

사람은 누구나 자기의 능력과 분수에 맞게 살아야지 지나친 욕심은 오히려 화를 초래할 수도 있으니 자신의 여건이나 형편에 맞도록 살아야 한다는 뜻을 갖는 말이다.

사람마다 갖는 지문(指紋)이 다르듯이 겉으로 보이는 생김새나 성격 또한 각양각색이라서 똑같은 사람은 없다.

이처럼 생긴 모습이나 마음씨가 다르고 제각기의 성품(性品) 및 능력과 우리가 흔히 말하는 타고난 소질(素質) 또한 사람마다 각각 다르다고 본다.

그러나 누구든 꿈이나 욕심은 갖고 있음으로 자신의 분수나 능력을 고려하지 않고 지나치게 욕망만 앞세우다 많은 부작용이 생기는 것을 우리 주변에서 자주 보거나 스스로 경험하였음을 부인할 수 없을 것이다.

물론 꿈이 없는 삶은 미래의 발전도 기대할 수 없으므로 원대한 꿈이나 큰 야망은 인간만이 가질 수 있는 바람직한 현상이라 할 수 있겠으나 그에 따른 역 반응 또한 우리 인간이 감내하여야 하다는 생각도 하여야 힐 것이다.

그러므로 우리가 갖는 꿈이나 희망이 모두 그대로 이루어질 수 없다는 사실을 감안하고 도저히 이룰 수 없는 꿈을 갖고 혼신의 노력을 다 한다 해도 안 되는 일이라면 차라리 실현 가능한 다른 일을 찾는 것이 현명한 방법 일 것이다.

욕심이 지나치다 보면 이루어져 가는 과정을 충분하게 고려하지 않고 이루어진 결과에만 집착 하게 되어 오히려 실망이나 패배의 늪으로 추락할 수도 있을 것이다.

그러므로 나무를 오를 수 없는 원인이 무엇인가를 찾아보며 거기에 대처할 수 있는 방안을 모색하여야지 오르지 못할 나무를 쳐다만 보다가는 자신의 능력이나 처지를 비관하는 마음의 상처를 면하기 어려울 것이다.

그러니 조그마한 참새가 커다란 황새걸음을 따라가려고 하면 가능하지도 않을 뿐 아니라 주변의 웃음거리만 된다는 세상의 이치를 잊지 말아야 하겠다.

사람 위에 사람 없고 사람 밑에 사람 없다

●

본래 사람은 평등한 권리를 갖고 이 세상에 태어났기 때문에 누구나 소중한 존재라서 모두가 똑같이 귀중한 생명을 지키며 행복하게 살아갈 수 있는 권리와 인간으로써의 의무를 갖고 있음을 이르는 말이다.

그러나 우리가 살고 있는 현실은 꼭 그렇지만은 못해서 인종이나 성별 또는 각종 신분과 계급 등 선천적 여건이나 인간 스스로에 의해 차이를 두고 서로 융화하지 못함으로 인해 인류 역사에 많은 비극이 끊이지 않고 있음은 매우 안타까운 일이 아닐 수 없다.

그래서 많은 성인이나 종교 등에서 서로의 평등을 주장하며 모두가 행복한 삶을 추구하는 노력을 하고 있지만 그 자체가 차별화되어 각종 분쟁이나 파벌 등으로 연관되는 악순환을 이루고 있는 현상 또한 자주 볼 수 있는 일이다.

불가(佛家)에서 전해오는 말로는 석가모니 부처님께서 이 세상에 태어나자마자 처음으로 '천상천하유아독존(天上天下唯我獨尊)'*이라는 설법이 있었다고 하는데 이 또한 세상에서 사람이 가장 소중하고 존엄스러운 존재라는 말로 모든 인간들이 평등하고 행복하게 살아야 함을 강조하는 뜻이라고 생각된다.

사실 우리가 살고 있는 우주공간에서 일단 인간으로 태어난다는 그 사실 자체만으로도 이 세상의 모든 만물로부터 존중 받는 존재일 뿐 아니라 무한한 발전의 가능성을 지니고 있는 소중한 생명체일 것이다.

그러므로 우리 모두는 생명의 소중함과 그 가치를 조금이라도 가볍고 소홀하게 생각하는 일이 있어서는 안 될 것이다.

아울러 누구나 노력하면 발전을 거듭하며 행복 할 수 있다는 긍지와 희망을 갖고 힘들고 불행스러운 일에 처하더라도 낙심하거나 용기를 잃는 일 없이 온갖 지혜와 슬기를 모아 어려움을 극복하는 노력을 하면서 굳센 의지로 존엄한 인간의 본분을 다하겠다는 자세를 가져야 할 것이다.

*
天上天下唯我獨尊
하늘 위와 하늘 아래 오직 나만이 가장 존귀하다

재주는 곰이 부리고 돈은 되놈이 받는다

●

가만히 앉아서 남이 힘들이고 고생하여 얻은 성과를 가로챈다는 뜻으로 정작 수고한 사람은 따로 있는데 엉뚱한 사람이 이익이나 공적을 챙기는 경우를 비유하는 속담이다.

여기서 말하는 되놈이란 우리나라 사람들이 옛부터 중국인을 지칭하는 말이라 여기면 쉽게 이해가 될 것이다.

아무리 고운 마음을 갖고 다른 사람들 모르게 착한 선행을 하는 사람이라도 자기가 한 일을 남이 가로채서 생색을 내거나 그것으로 공을 세우고자 한다면 좋아할 사람은 아무도 없을 것이다.

선행을 하겠다는 사람조차 그러할진데 일반적인 우리 보통 사람들이야 가까스로 힘들여 이루어 놓은 성과를 가로채 생색을 내며 공을 세우려 하는 사람이 있다면 얼마나 괘씸하고 얄미운 마음이 들지 않을까 하는 생각을 갖게 된다. 실제로 우리가 일상생활을 하면서 이와 같은 사례를 주변에서 보거나 스스로 경험해 본 일은 누구에게나 있을 것이다.

우리는 각양각색의 각기 다른 사람들과 서로 어울리며 살아야하는 사회 구성원의 하나이기 때문에 주변에 착하고 바른 생활을 하는 사람도 많이 있지만 반면에 남의 잘되는 일을 시기하거나 평소에는 쉽고 편안한 일만 찾다가 다른 사람이 어렵게 공을 들여 이루어낸 성과를 보면 가로채어 제 앞에 놓으려고 하는 몰염치한 사람들과도 함께 살 수 밖에 없는 것이 우리가 처한 현실임을 부인할 수가 없다.

　실제로 이러한 일로 피해를 보았거나 분하고 억울함을 당했던 사람들이 얼마나 많이 있었기에 이와 같은 속담까지 나오게 되었을까 하는 생각과 함께 이런 일을 조금이라도 줄이기 위해서는 누구나 노력한 사람에게 정당한 보람과 결과가 돌아갈 수 있는 정의로운 사회가 되도록 모두의 적극적이고 부단한 노력이 있어야 할 것으로 생각된다.

목마른 놈이 우물 판다

●

무슨 일이든 아쉬워하는 사람이 먼저 서둘러서 그 일을 하게 된다는 평범한 사실로 일의 완급에 따른 사람의 심리상태를 지적하고 비유하는 말이라고 생각된다.

당연한 말 같지만 우리 생활에서 품고 있는 의미는 매우 크다고 본다. 개인은 물론 사회단체 및 국가적인 측면에서 보더라도 단순하게 혼자만으로는 적절한 삶을 누리기가 어렵고 서로가 공동으로 협조하며 지내는 관계가 기본적으로 이루어짐으로써 원만한 사회가 유지되고 있다는 점을 간과해서는 안 될 것이다. 그런데 이 협조를 어떻게 하느냐에 바로 이 속담이 갖는 의미와 연관 지어 생각해 볼 수 있겠다.

누가 누구에게 협조를 한 다기 보다 똑같은 마음으로 공동의 목표를 이루기 위해 참여하고 노력하는 정신을 강조하는 것이 이 속담이 구현하고자하는 뜻이라고 보아야겠다.

요즘은 도시나 농촌을 막론하고 상 · 하수도 시설이 잘되어 있지만 불과 몇십년 전까지만 해도 우리가 먹는 물의 대부분이 우물을 파서 나오는 지하수를 이용하였다.

그런데 이와 같은 우물을 혼자서 개인적으로 사용하는 경

한 줄 속담의 여유

우는 드물고 거의 모두가 동네마다 한두 개씩 있는 공동우물을 이용하는 실정이었다.

　누구나 다 필요로 하는 물이고 그와 같은 물을 마련하기 위해 우물을 파는 일인데도 인간들의 얄팍한 이해관계가 얽히어 누구의 목이 더 마른가를 따지게 되는 우리 사회가 딱하고 한심스럽기도 하다.

　그러나 개인을 비롯한 사회나 국가 자체가 각기 다른 성격과 구성 요소로 되어 있기 때문에 내가 먼저 그리고 내 앞에 조금이라도 더 큰 감을 놓고 싶어 하는 인간의 심성 그 자체를 탓할 수만도 없을 것이다.

　그렇다면 왜 내가 다른 사람보다 더 목이 말라야 했는지를 뒤돌아보고 또 누구나 그와 같은 처지에 있을 수 있다는 마음으로 서로 이해하고 협조하는 자세가 공동생활의 원활한 관계를 유지하는 밑바탕이 되지 않을까 생각된다.

죄는 지은 데로 가고 공은 닦은 데로 간다

●

잘못을 저지르면 벌을 받고 어려운 사람을 돕는 일과 같이 착하고 바른 일로 덕(德)*을 베풀면 복을 받는다는 말로 착하고 바르게 살며 건전한 사회를 유지하는데 가장 기본이 되는 생활 자세를 강조 하고자 하는 속담이라고 본다.

너무도 당연한 말 같지만 현실은 파렴치한 죄를 짓고도 뻔뻔스럽게 편히 살아가고 있는 사람이 있는가 하면 그야말로 법 없이도 살아갈 수 있을 정도로 착하게 살면서도 억울한 일을 당하는 사람들이 있기 때문에 바르고 공명한 사회가 되기를 바라는 의미에서 나온 말이라고 볼 수 있겠다.

이 세상은 각기 다른 지역이나 환경에서 서로 상이한 성격과 생김새를 갖는 사람들이 다양한 방식으로 삶을 이어가는 공동사회이다.

그러나 각자의 생활에 필요한 제반여건이나 자원은 모두가 풍족할 수 있도록 무한하지 못하고 사람들의 욕망은 끝이 없기 때문에 세상일이 우리가 바라는 대로 바르고 좋은 상태로만 지탱해 갈 수 없어 각자의 생존경쟁이 뒤따르게 되므로 여러 문제가 유발되고 있는 실정이다.

저마다 다른 생각이나 방식으로 자기만의 욕망을 채우려 다보니 바르지 못한 행동을 하거나 사회질서의 유지를 위해 만들어 놓은 각종 법규를 어김으로써 주변 환경을 어지럽히고 다른 사람에게 피해를 주면서도 활보하는 사람들이 있게 된다.

그래서 모든 사람들이 편안하고 안전하게 살고자 하는데 방해가 되거나 억울함을 당하는 일이 없는 사회를 위해 옛 부터 많은 성인들이나 국가에서 옳고 바른 삶을 계도하는 한편 이에 반하여 나쁜 일을 하는 사람을 징벌하는 제도와 장치를 마련하는 노력을 하고 있다고 생각된다.

그러나 이러한 법규에 앞서 각자가 바르고 정의로운 삶을 통해 살기 좋은 사회가 조성되도록 노력하는 기본자세가 우선되어야 할 것이다.

*
德 일반적으로 풀이하면 사람이 스스로 수양을 통해 얻어지는 인격적 능력을 실천함으로써 외부에 나타냄을 뜻함

바다는 메워도 사람의 욕심은 다 못 채운다

●

엄청난 비유 같지만 그 만큼 인간의 욕심이 무한하고 끝이 없다는 말로 풀이된다.

그러니까 아무리 넓고 깊은 바다라 할지라도 그것은 끝이나 밑바닥이 있을 테니까 돌과 흙으로 메우다보면 언젠가는 채워지리라 상상할 수 있겠지만 사람의 욕심은 끝나는 데가 없어 무엇으로도 다 채울 수가 없으니 인간 스스로 자제하고 절제하여야 함을 강조하는 말이다.

아마도 인류 역사에 나오는 각종 전쟁을 비롯한 모든 비극은 그 원천이 인간의 욕심에서 비롯되었다고 해도 지나치지 않을 정도로 끝을 모르는 사람의 욕심은 우리의 삶에 크고 작은 영향을 미치고 있다고 할 것이다.

물론 긍정적인 측면으로 볼 때 우리의 삶이 지금처럼 편리하고 행복해질 수 있도록 발전해오며 더 좋은 앞날을 기대할 수 있게 하는 동력 또한 우리가 갖고 있는 욕심이나 욕망에서 기인했을 것이라는 점은 누구도 부인할 수 없는 일이다.

더 나아지려는 욕심이나 바람이 없고 그냥 현실에 만족한다면 그야말로 배부른 돼지가 되고 말테니 말이다.

한 줄 속담의 여유

문제는 더 많이 소유하고 더욱 크게 확보하고 더 높이 올라가며 무한한 행복을 추구하고자 하는 정도나 한계에서의 절제가 뒤따라 주지 않는다는 것이다.

그러기 때문에 옛 부터 많은 성인들이나 종교 등에서 인간의 지나친 욕심에 제동을 걸면서도 나름대로의 의욕이나 희망을 잃지 않는 중용의 적절함을 지킬 수 있도록 노력해오고 있다고 본다.

그러므로 사람들이 각기 다른 자기마다의 분수를 알고 지키며 단순한 본능적 욕망에서 벗어나 지혜와 절제로 인해 우러나는 꾸준한 노력만이 전진과 발전을 멈추지 않으면서도 우리 사회가 건전하고 각종 비극과 불행을 미연 방지할 수 있는 원동력이 될 것이라고 믿는다.

자식 겉 낳지 속은 못 낳는다

●

아무리 자기가 낳은 자식이라 하더라도 부모가 자식의 마음 속 까지는 알 수 없음을 이르는 말로 부모는 자식의 육체를 낳을 뿐이지 그 자식의 속마음이나 생각하는 것까지 낳을 수 가 없으니 자식이 어떤 생각을 갖던 그것은 부모의 생각이나 사상과 일치되지 않을 수 있다는 말이다.

세상 어느 누구든 자식이 자기보다 체력적으로 더욱 건강 하고 총명한 두뇌와 착한 마음을 갖고 성공적인 삶으로 살아 가길 바라지 않는 부모는 없을 것이다.

그러나 그것은 어디까지나 바람이고 희망일 뿐 실제로는 그렇지 못해서 옛부터 세상에 자식 일처럼 마음대로 안 되는 일이 없다는 말까지 있을 정도로 자식 일 만큼은 부모가 원하 는 대로 되지 않을 때가 많은가 보다.

그것은 각자의 환경이나 건강 등 여러 가지 이유가 있겠지 만 첫째는 무엇보다 부모와 자식의 마음이 서로 일치 하지 못 한데서 찾아야 할 것이다.

오죽해야 부모 자식 간에 이와 같은 속담까지 생겼겠는가.

그러한 면에서 볼 때 이 속담은 아무래도 부모 속 태우지

한 줄 속담의 여유

않고 잘 나아가는 자식과 같이 긍정적인 면에서가 아니라 부모의 마음을 상하게 하며 부모의 생각과 바람에서 거리가 먼 부정적인 측면으로의 자식을 염두에 두고 하는 말이라고 보아야 할 것 같다.

물론 지금까지 자식이 부모보다 더 나은 점이 많이 있었기 때문에 인류사회가 발전되어 왔고 앞으로도 더 좋은 미래의 희망과 기대를 가질 수 있겠지만 그렇지 못한 자식들도 있어서 많은 부모들의 근심과 걱정이 끊이지 않은 실정도 간과해서는 안 될 것이다.

그래서 중국을 비롯한 동양에서는 인간의 기본 덕목을 효(孝)*에 두고 인간사회의 문화와 질서를 유지하고자 하지 않았나하는 생각도 든다.

---

*
孝　자식은 부모를 공경하고 부모는 자식을 사랑하는 부모와 자식간의 도덕적 의무의 실천을 뜻함

십년 세도 없고 열을 붉은 꽃 없다

●

봄에 피는 고운 꽃도 대부분 열흘이 멀다하고 꽃잎을 땅에 떨어뜨리듯이(花無十日紅)* 권세나 부귀영화도 언제까지나 계속되지 않고 바뀌게 된다는 세상의 변화하는 이치를 나타내는 속담이다.

한여름 눈이 부실 듯 작열하는 태양도 저녁이 되면 서쪽 하늘로 그 모습을 감추고 칠흑 같은 한밤의 어둠도 아침이 되면 먼동에 밀려 그 자리를 내주듯이 자연 자체가 어느 하나 영원할 수 없는데 어찌 우리 인간들만 영원하게 변하지 않을 수 있겠는가.

다만 하루 앞을 모르며 살아가는 인간의 어리석음과 욕망의 지나침을 인간 스스로가 절제하기 어려울 따름이다.

더욱이 인위적으로 만들어 놓은 각종 제도 자체가 끝이 안 보이는 인간의 욕망을 절제시키기 보다는 오히려 욕망의 갈구를 조장하는 모순을 드러내놓고 있음 또한 인간 스스로의 미숙함을 보여주고 있다는 사실을 지난날들이 증명해주고 있다고 본다.

사람은 누구나 부귀영화를 누리고 싶고 각종 권력과 세도

한 줄 속담의 여유

(勢道)로 천하를 호령하는 자가 되기를 갈망하며 그러한 뜻을 이루고 얻기 위해 온갖 노력을 다하므로 개인과 사회의 무궁한 발전을 추구하며 희망을 잃지 않도록 하겠지만 문제는 그 과정이나 결과가 세상의 변화에서 초연해질 수 없다는 사실을 잠시라도 망각하지 말아야 할 것이다.

꽃이 아무리 더 오래오래 아름다운 자태를 간직하며 좋은 향기를 뿜어내고 싶어 한다고 그러한 꽃의 욕심을 자연이 받아주지 않듯이 사람의 일 또한 나름대로의 분수나 자연의 이치에 벗어나는 지나친 욕망은 일시적일 뿐 결국에는 그 끝맺음이 매끄럽지 못하다는 사실을 잊지 말아야 할 것이다.

*
花 꽃 화 無 없을 무 十 열 십 日 날 일 紅 붉을 홍
열흘 붉은 꽃 없다

二 部

상식의 한 줄

송충이가 갈잎을 먹으면 떨어진다

●

송충이가 솔잎을 먹지 않고 갈잎을 먹으면 나무에서 떨어진다는 말은 사람이 자기 본분이나 분수에 벗어나는 일을 하면 낭패를 볼 수 있음을 비유한 속담이다.

원래 송충이는 소나무 잎만 먹고 사는 소나무 벌레라서 떡갈나무 잎과 같은 갈잎을 먹고는 살아갈 수가 없으므로 결국에 가서는 나무에서 떨어져 죽을 수밖에 없다.

세상의 모든 생물은 제각기 나름대로 생명을 유지하며 살아갈 수 있는 방식이나 기능을 갖고 태어나므로 각자 거기에 맞도록 살아가는 것이 자연의 순수한 이치에 따르는 것이라고 볼 수 있겠다.

그러니 만물의 영장이라고 하는 사람 또한 본질적으로 타고난 분수를 지키며 능력과 적성에 맞도록 살아야지 자기가 할 수 있는 한계와 범위를 벗어나서 다른 뜻이나 과도한 욕심을 품으면 많은 고난이 따른 뿐 아니라 결과적으로 실패하게 된다는 자연의 이치를 깨우치게 해주는 뜻이 담긴 말이라고 본다.

사실 사람의 욕심이 끝이 없다보니 자기에게 주어진 능력이나 분수를 알아서 적정하게 지키며 살기란 매우 어려운 일이겠으나 그렇다고 지나친 욕심으로 무리한 일을 하다가 낭패를 보는 일은 없도록 해야 할 것이다.

실제로 우리 주변에는 자기 분수나 능력을 감안하지 않고 크게 한 몫을 잡아보려는 욕심 때문에 평소에 하던 일 조차 못하게 되고 초라해진 모습으로 절망에 빠져 있는 사람을 볼 때가 있는데 이럴 때, 이와 같은 속담이 떠오르기도 한다.

물론 세상을 살면서 용기와 야망을 갖고 새로운 일도 개척해보고 어려움에의 도전과 모험을 해보는 것은 진취적이고 발전할 수 있는 계기가 될 수도 있겠으나 그럴수록 자기의 역량이나 분수를 감안하는 개발이나 도전이 되어야지 무턱대고 의욕만 앞세우는 무모한 용기를 부려서는 안 된다는 교훈이 담겨져 있는 속담이다.

사람 죽여 놓고 초상 치러주기

●

평소에는 온갖 몹쓸 짓을 다 해가며 괴롭혀 사람을 죽게 하고 나서는 뻔뻔스럽게도 초상 치르는 일을 도와주겠다고 나선다는 말로 일을 그르쳐놓고 뒤늦게 돕겠다고 나서는 짓을 비꼬는 속담이지만 일반적으로 어떤 일을 방해하거나 아예 망쳐놓고 나서 오히려 도와주는 척하는 얄미운 행위를 뜻한다고 보아야 할 것이다.

실제로 우리가 일상생활을 할 때 크게 생각하고 거들어주는 척 하다가 일이 잘 진행되지 않으면 언제 그랬느냐는 식으로 슬그머니 꽁무니를 빼면서 잘못된 책임을 다른 데로 돌리는 사람들을 흔히 볼 수 있다. 차라리 그런 사람이 곁에 없었으면 처음부터 더욱 철저하게 계획하고 자기 생각대로 추진하였을 텐데 곁에서 아는 척하며 도와주는 사람 때문에 오히려 일을 낭패시키는 경우가 있기 때문에 나온 속담이라 하겠다.

물론 죽은 사람을 가엾게 여기고 뉘우치는 마음으로 초상이라도 치러준다고 나선다거나 아니면 자기의 잘못이나 허물을 감추고 흔적을 없애기 위해 남이 알기 전에 재빨리 증거를 없애려 하는가는 그 자초지종(自初至終)*을 해석하기에 차이가 있을 것이다.

다만 이 세상 생명을 가지고 있는 모든 물체는 죽음이라는 그 자체가 생존이 끝나는 것으로 일단 한번 죽으면 누구나 무엇으로든 다시 되살릴 수 없다는 사실에 심각한 방점이 두어진다.

어쩌면 사람이 죽을 때까지 생명의 압박을 느끼게 하거나 모르는 척 하다가 죽고 나서야 뒤늦게 초상을 치러준다고 하는 그 행위 자체의 온당치 못한 처사가 정상적 사회윤리에 어긋나는 일임에는 이견이 있을 수 없을 것이다.

살아있을 때 잘 해야지 죽은 후에 아무리 돕는다고 해도 무슨 소용이 있겠는가에 비유의 효과를 극대화 시켰다고 본다.

*
自 스스로 자 初 처음 초 至 이를 지 終 끝날 종
처음부터 끝까지 이르는 과정

우물을 파도 한 우물을 파라

●

무슨 일이던 한 가지 일을 꾸준히 하여야 성공할 수 있지 이 일 조금하다 저 일 조금하다 하는 식으로 자주 바꾸면 성과를 거둘 수가 없듯이 분명한 중심과 지조를 갖고 정진할 것을 강조하는 말이다.

우물을 파려면 땅 속으로 깊이 파야 물이 나오는데 조금 파다 물이 안 나온다고 자꾸 다른 곳으로 옮겨서 파면 우물을 만들기 어렵듯이 어떤 일을 할 때도 자주 바꾸거나 이것저것 손을 대지 말고 한 가지 일이라도 꾸준하게 끝까지 해야 성공할 수 있음을 비유해서 나타내는 속담임을 알 수 있다.

물론 요즘은 다양함이 요구되기도 하며 한 우물만 파는 시대는 아니라고 보는 사람들도 있지만 한 가지 일이라도 더욱 전문적이고 정통함을 추구하는 꾸준한 집념과 노력이 보다 더 확실한 성공적 결과를 보장할 수 있다는 확신만은 틀림없을 것이다.

그러니까 어떻게 보면 뛰어난 재능이나 재주는 본래부터 타고난 기질이 수반된다고 생각되지만 자신이 관심을 갖고 흥미를 느끼는 일을 끊임없이 탐구하고 수련함으로써 성공적

　　　　　　　　　한 줄 속담의 여유

인 결과를 추구하는 것은 순수한 노력으로도 이루어질 수 있는 후천적 사안이라고 볼 수 있을 것이다.

이와 비슷한 개념으로 '열두 가지 재주 가진 사람이 끼니가 없다'는 말이 있듯이 우리 주변에는 많은 재주가 있는 것 같으면서도 끈질긴 점이 없어 어느 곳에서나 진득하게 있질 못하고 여기저기로 옮겨 다니든가 직업을 가져도 한 가지 일에 열중하지 못하고 이것저것 핑계나 구실을 달고 자주바꾸는 사람을 볼 수 있다.

그러다 보니 한 가지의 기술이나 숙련성도 제대로 익히지 못하고 어중간하게 대충 대충 생활하는 사람들이 있는데 아마도 이 속담은 그러한 사람들이 한번쯤 자기의 삶을 뒤돌아보며 본받고 느끼게 하기 위하여 생긴 말이 아닌가 생각해 본다.

거칠고 험난한 세상을 살아가려면 사전의 충분한 검토결과 가능성이 있어 일단 착수한 일은 끝까지 물고 버티는 인고의 노력과 끈질긴 근성을 갖고 추진해야 성공의 보람을 느낄 수 있음을 시사해주는 속담이라 하겠다.

입에 쓴 약이 병(病)에는 좋다

●

'입에 쓴 약이 몸에는 좋다'라고도 하는데 자기에게 충고나 비판이 당장 듣기에는 좋지 않지만 그것을 달갑게 받아들이면 자기수양이나 하는 일에 도움이 된다는 말이다.

요즘 같이 의약이 발달되지 않았던 예전에는 몸에 병이 나거나 상처가 생기면 약초 등으로 한약을 제조해서 약제로 사용하였다.

이러한 약초들은 대부분 입에서 쓴맛을 내기 때문에 많은 사람들이 쓴맛이 나는 약이 병을 치료하는데 도움이 된다고 생각하였을 것이다.

그러나 이 말은 비록 병을 고치는 약으로만 끝나는 것이 아니고 우리가 일상생활을 하는데 더 많이 비유되고 있다고 해도 지나치지 않을 정도로 사용빈도가 높다고 볼 수도 있다.

예나 지금이나 흔하게 쓰는 충신과 간신이라는 말도 임금을 비롯한 윗사람의 하는 일이 잘못되었다고 생각될 때 이를 지적하고 바르게 고쳐나가도록 충성스런 말을 하는 신하와 뒷날에 어떤 좋지 않은 결과가 있거나 세상을 어지럽게 하더라도 우선 눈앞에서 듣기 좋게 달콤한 얘기만 하는 간신들이 함께 어우러져 있는 이 사회의 어쩔 수 없는 현상 때문에 나온 말인가 보다.

우선 먹기는 곶감이 달다는 말과 같이 상대의 미움을 받거나 질책이 두려워 올바른 일이 아닌 줄 알면서도 그저 '예', '예'나 하며 지당하신 말씀이라고 하는 사람들이 너무 많아서 잘되고 잘못됨을 가리며 바른 말을 할 수 있는 쓴 소리가 아쉬운 세상이기에 속담으로 조차 이렇게 쓰고 괴로운 처방이 필요한 사회에 안타까움이 들기도 한다.

그러나 분명한 것은 옛 부터 이 사회가 굳건하게 유지되어 오는 것은 사육신 정신과 같이 옳은 말을 할 수 있는 정의로움과 올곧은 지조(志操)*가 우선의 달콤함을 억제시키고 우리 몸에 병을 고치게 하는 쓴 약과 같은 작용으로 역할 해오고 있기 때문이라고 보아야 할 것이다.

＊
志 뜻 지 操 잡을 조
옳은 생각과 원칙을 흔들리지 않고 지키는 의지나 신념

조밥에도 큰 덩이 작은 덩이가 있다

●

조밥이란 좁쌀로 지은 밥으로 좁쌀은 우리가 식용으로 이용하는 곡식의 낱알 중에서 알갱이가 가장 작은 것으로 작다는 상징적 의미로 자주 비유되기도 하는데 보통 무척 작은 것을 일컬을 때 좁쌀 같다고 얘기 한다.

그러니까 좁쌀같이 아주 작은 물건이라도 각자의 개성이 있고 합하고 뭉치는 크기의 힘에 따라 큰 덩이나 작은 덩이로써의 기능을 할 수 있듯이 모든 일은 장소나 쓰임에 따라 구분 될 수 있다는 말로 해석된다.

한편으로 좁쌀같이 작고 하찮은 물건이라도 경우에 따라서는 다양한 역할이 가능하며 많은 수가 합치면 큰 힘을 낼 수도 있다는 뜻으로 우선 보기에 보잘 것 없거나 오죽잖다고 가볍게 여기거나 대수롭지 않게 생각하는 일은 없어야 할 것임을 깨우쳐 주기 위한 말이라고 할 수도 있을 것이다.

세상의 모든 일이 크고 작은 구별로 시작되고 또 그러한 구분에 따라 진행되거나 추진되며 마무리된다고 해도 지나치지 않다는 생각도 해볼 수 있을 것이다.

다만 크고 작다는 표현이 여건이나 경우에 따라 길고 짧다

한 줄 속담의 여유

고 할 수도 있을 것이고 굵거나 가늘다고 할 수도 있겠으나 아무튼 대소의 차이가 있기 때문에 세상은 변화가 지속되고 만물이 발전할 수 있는 계기가 되고 있음은 자연의 이치일 것이다.

그러므로 비록 간단하고 단순한 말 같지만 작은 좁쌀이 큰 덩어리로 뭉쳐지므로 인해 강해지기도 하는 힘의 강약과 만물을 구분해서 인식하는 세심한 주의와 관찰을 게을리 하지 말라는 의미가 담겨져 있는 속담이라고 할 수 있을 것이다.

한 술 밥에 배부르랴

●

밥 한 술 먹고 배가 부를 리 없으며 두 술 세 술 먹다보면 배가 불러지듯이 무슨 일이든 처음부터 큰 성과를 기대할 수는 없고 꾸준하게 추진하여야 큰 결과를 얻을 수 있다는 뜻이다.

여기에 나오는 술은 숟가락으로 한번 뜬 음식을 일컫는다고 보아야 할 것이다. 어떤 일이든 절차와 순서의 과정을 거치기 마련인데 급하다고 그러한 과정이나 절차를 무시하고 단숨에 결론이나 성과를 보려고 하거나 힘은 조금들이고 빠른 효과를 얻으려 한다면 오히려 부작용이 따르거나 낭패를 볼 수도 있다는 뜻의 속담이라 하겠다.

사람마다 각기 다른 성격의 장단점이 있겠지만 유별나게 급한 성격의 사람들 때문에 이와 같은 속담이 생겼다고 보는데 대체적으로 우리나라 사람들은 성격이 급한 편이지 않나 하는 생각을 해본다.

그러기 때문에 빠른 국토개발이나 경제 성장 등으로 오늘날과 같은 풍요를 누릴 수 있는 발전을 앞당기는 원동력이 되었다고 긍정적으로 평가를 할 수 있겠으나 반면에 너무 서두르다 많은 시행착오(試行錯誤)*나 균형발전에 차질도 겪어야

한 줄 속담의 여유

했다고 할 수 있겠다.

우리가 일상생활에서 흔히 느낄 수 있는 '빨리 빨리'라는 말은 그러한 우리 한국인의 조급한 성격을 잘 표현해주는 말이라 하겠다.

우스운 얘기로 한국 사람들이 중국인이 경영하는 음식점에 가면 자리에 앉아 주문하기가 바쁘게 "빨리 주세요"라고 하지만 중국 사람들은 음식 만들 재료를 구하러 밖으로 나가면서도 "예 다 되었어요"라고 대답한다는 말이 있는데 이는 조급한 성격의 한국인과 느긋한 중국인의 국민성이 비교되는 말이라고 본다.

*

試 시험할 시 行 행할 행 錯 어지러울 착 誤 잘못할 오
처음 생각과 다르게 일이 잘못된 것을 이를 때 쓰는 표현

무쇠도 갈면 바늘 된다

●

강하고 단단한 무쇠도 꾸준히 갈다보면 언젠가는 가느다란 바늘이 될 수 있다는 말로 아무리 힘들고 어려운 일이라도 노력을 멈추지 않으면 결국에는 이루어지게 된다는 교훈적인 속담이다.

여기에서 무쇠는 쇠망치나 도끼 등의 재료로 쓰이는 아주 강하고 단단한 강철로 정신적으로나 육체적으로 굳건함의 상징이 되기도 하고 반면에 바늘은 옷을 꿰맬 때나 주사기의 바늘처럼 가늘고 날카로운 섬세함을 의미하는 말로 아직 갈고 닦아 단련되지 않은 무디고 단단한 상태에서 잘 다듬어진 완성품으로 될 때까지는 많은 시간과 노력이 있어야 하고 아무리 어려운 일 이라도 끊임없이 노력하면 안 되는 일이 없다는 뜻으로 알아야 할 것이다.

한문으로 마부작침(磨斧作針)*이란 사자성어가 있는데 무쇠로 된 도끼를 갈아 바늘을 만드는 것처럼 불가능하다고 포기하고 싶은 일이라도 꾸준하게 노력을 하면 가능해 질 수 있듯이 어떤 일에 도전하기로 결심을 했으면 힘들고 어렵더라도 중간에 포기하지 말고 최선을 다하는 인내와 노력의 과정

96

을 강조하는 말이다.

한편 이 말을 역설적으로 생각해보면 아무리 많은 재물이라도 더 보태거나 모으지 않고 곶감 빼먹듯 계속 지출만 하면 언제인가는 모든 재산을 탕진할 수도 있다는 생각도 해볼 수도 있을 것이다.

어떤 일을 하던 간에 세상일이란 순조롭게만 진행되는 일이 흔치않아 많은 시련과 장애가 따르기 마련인데 어렵다고 중도에서 포기하거나 물러서면 성공의 마무리를 기대할 수 없으니 인내심과 지혜를 잃지 말고 꾸준하게 노력하는 삶의 태도가 매우 중요하다고 할 것이다.

*
磨 갈 마 斧 도끼 부 作 지을 작 針 바늘 침
도끼를 갈아 바늘을 만든다는 뜻. 아무리 어려운 일도 끈기 있게 노력하면 이룰 수 있다는 뜻의 한자성어.

곶감 꼬치에서 곶감 빼먹듯 한다

●

힘들게 고생하며 아껴서 모아놓은 재산을 잘 간수하거나 증식시키려는 노력 없이 꼬치에 매어있는 곶감 빼먹듯 소비만 하는 게으른 삶의 자세를 비유적으로 이르는 말이다.

하나의 곶감이 만들어지기까지는 봄부터 감나무에 꽃이 피어 열매가 맺은후 뜨거운 여름과 지루한 장마를 견디며 서리 내리는 가을까지의 긴 시간과 여러 과정을 거쳐야 하고 또 그 감을 따 껍질을 깍아서 꼬치에 매어 말리어 떫은 맛을 없애는 노력이 있어야 한다.

그렇게 힘든 노력과 오랜 기간 정성을 들여 만들어진 곶감이지만 꼬치에서 그 곶감을 빼어 먹을 때는 별다른 수고나 노력 없이 그저 달콤하고 쫄깃한 맛만 즐기게 되니 그 곶감이 만들어진 과정과 단순히 꼬치에서 곶감을 빼 먹기만 하는 일은 그야말로 어려움과 안일함이 분명하고 확실하게 대비가 됨을 알 수 있다.

이 세상의 모든 생물은 생명을 유지하기 위하여 소득과 소비가 있어야 할 것이며 그러한 가운데 조금이라도 더 번창하고 발전하기 위해서는 사용되는 지출보다는 들어오는 수입이 더 많도록 하는 노력이 뒤따라야 한다는 것은 기본적인 상식이다.

그런데 들어오는 수입이나 소득을 위한 아무런 노력도 없이 힘들게 모아놓은 재산을 소비만 하며 지낸다면 우선은 편안하고 좋을지 몰라도 꼬치에 있는 곶감이 다 없어지듯 모아놓은 재산을 다 소진하고 난 후에는 대책 없이 곤궁해짐을 걱정해서 나온 속담이라고 생각된다.

모든 만물이 다 그러하듯이 인간 또한 미래를 생각하는 마음으로 세상을 살아가면서 필수적인 소비나 지출을 하더라도 오늘보다 내일을 걱정하고 대비를 소홀히 하지 않는 생활 자세가 바람직하다고 할 것이다.

드는 정은 몰라도 나는 정은 안다

●

세상을 살아가면서 사람을 사귀거나 생활에 이용되는 가구들과 정이 들 때는 언제부터 그러했는지도 모르게 사랑과 애착의 정이 생기지만 어떠한 사유로 떨어질 때는 서로가 아쉽고 그리워져 그 정이 얼마나 두터웠던가를 새삼 느끼게 된다는 말이다.

사람은 누구나 한 평생을 살면서 수없이 많은 만남과 헤어짐을 거듭한다. 어쩌다가 우연히 만나서 깊은 인간관계를 맺으며 거칠고 험한 일을 함께 하기도 한다. 생사고락(生死苦樂)*과 같은 어려운 일을 나누며 서로가 정이 들기도 한다. 이렇게 만나서 정이 들기는 특별히 신경을 쓰거나 의식적이기 보다는 그냥 순수하고 자연적으로 이루어지기 마련이다.

그렇지만 영원한 만남이란 있을 수 없듯이 언제인가는 떠나고 헤어져야 하는 때가 되면 아쉬움과 이별의 고통이 따르기 때문에 이와 같은 속담이 전해지고 있을 것이다.

서로 깊었던 정이 식어져 어느 날 홀연히 떠나거나 함께 하던 일이 끝나 요란스럽게 석별의 정을 나누는 과정을 거치고 헤어지던 같이 지내던 사람과 헤어지려면 마음이 울적하고 적적해지는 느낌은 아마도 우리 인간을 매우 슬프게 하는 감정 중 하나라 하겠다.

그래서 우리가 흔히 말하는 정이란 헤어질 때의 감정을 더욱 부각시키는 의미를 지녔다고 할 수 있겠다.

그러나 함께 있는 것조차 지긋지긋하게 싫어지는 사람에게는 정이 들리도 없겠지만 미워하던 사람이 떠날 때처럼 시원하게 느껴지는 헤어짐을 누가 이별의 아쉬움이라고 할 수 있겠나 하는 생각도 해볼 수 있겠다.

조용히 왔다가 아쉬운 여운을 남기고 떠나는 것이 우리가 흔히 말하는 정(情)인가보다.

*
生 날 생 死 죽을 사 苦 쓸 고 樂 즐거울 락
삶과 죽음 그리고 살아가면서 느끼는 괴로움과 즐거움을 아울러 이르는 말

도둑질을 해도 손발이 맞아야 한다

●

어떤 일이던 혼자 하는 일이 아니고 두 사람 이상이 함께 한
다면 서로가 뜻이 맞고 마음이 통해야 실패가 없다는 말이다.

각자의 손발이 맞으려면 마음이 통해야 하고 마음이 맞으
려면 자기주장만 앞세우지 말고 다른 사람의 입장에서도 생
각해보며 서로 이해하고 양보하는 자세를 가져야 할 것이다.

요즘은 눈에 잘 뜨이지 않지만 얼마 전까지만 해도 군 부
대나 공공기관 등에서 인화단결(人和團結)*이라는 표어를 정
문에 걸어 놓거나 사무실 벽에 붙여 놓은 것을 흔히 볼 수 있
었다.

이 말은 안으로는 서로 마음이 맞도록 화합하고 밖으로는
여러 사람들이 한데 뭉쳐 힘을 모아야 군대의 전투력이 강화
되고 일반 직장에서는 업무 능률을 높일 수 있다는 뜻에서의
행동지침이라고 볼 수 있다.

이 속담을 하필이면 도둑질에 비유해서 약간의 거리감이
느껴지기도 하지만 속담이 표현하고자 하는 의미를 강조하기
위해서라고 이해하여야 할 것이다.

여럿이 함께 도둑질을 하면서 서로 화합이 안되고 제 각각

행동하다보면 탄로 나게 됨은 십상팔구임을 누구나 부인할 수 없는 일이라고 본다. 어떤 일을 하던 함께 하는 사람들의 마음이 다 각각이고 호흡이 맞지 않으면 일의 성과는커녕 오히려 중도에서 틀어질 수도 있을 것이니 이왕에 함께 하는 일이라면 사전에 충분히 의견을 나누어 추진하고자 하는 일의 중심을 찾아 손발을 맞추고 즐거운 마음으로 몸과 마음을 일치시키는 것이 중요하다고 본다.

같은 직장에서 오랜 기간 같은 일을 하다보면 말을 하지 않고도 서로의 생각을 눈치로 파악해 무슨 일을 하던 호흡과 손발이 맞아 일의 능률과 성과를 높이는 숙련된 모습은 좋은 예가 될 것이다.

※
人 사람 인 和 화할 화 團 둥글 단 結 맺을 결

예 부대장이 전투력 향상을 위해 무엇보다 강조하는 것은 부대원간의 인화단결이다.

내 코가 석 자이다

●

내 코에서 나오는 콧물이 석 자*나 되어도 닦을 겨를이 없다는 뜻으로 내 앞에 떨어진 사정이 매우 다급해 남의 입장이나 형편을 생각할 여유가 없음을 이르는 속담이다.

물론 콧물이 석 자나 될 정도로 흐른다는 비유는 좀 지나친 과장이라고 할 수 있겠지만 사람은 누구나 너무 경황이 없거나 황당한 일을 당하면 어쩔 줄 모르고 멍하게 되어 코에서 코피가 나오는지 콧물이 흘러내리는지도 모르게 되는 때가 있을 수 있다.

그래서 내 코가 석 자라는 말은 내 사정이 급해서 남을 돌보기는커녕 당장 내 앞가림도 못하게 된 상태를 비유해서 표현하는 말이라고 풀이 되어야 할 것이다.

우리가 살고 있는 사회는 여러 사람이 모여서 어떤 형태로든 서로 돕거나 도움을 받아가며 공동생활을 하기 마련인데 당장 내 발등에 떨어진 불덩이가 뜨거울 정도로 힘들고 다급한 처지를 당하게 되면 다른 사람의 사정이 아무리 딱하더라도 도와주지 못하고 내 발등의 불끄기가 바쁘게 된다.

특히 같은 직장에서 옆에 있는 동료가 급한 일이 있으면 당

한 줄 속담의 여유

연히 서로 도와가며 대신 일 처리를 해주어야겠으나 그 보다 당장 내 사정이 더 급하고 어려워 안타까워하는 사례를 흔히 볼 수 있는데 이런 경우처럼 아무리 가까운 사람이 어려움에 처해도 돌볼 여유가 없게 됨은 누구에게나 있을 수 있는 일이라고 할 것이다.

이와 같은 일은 비단 개인 뿐 아니라 어느 조직이나 국가 사이에서도 흔히 있을 수 있어 어려움에 처하게 됨을 종종 볼 수 있다.

아무튼 이렇게 난처하고 어려운 경우에 맞닥뜨리는 일이 없도록 평소에 많은 수련과 대비가 있어야 할 것이다.

﹡
'자'는 길이 단위. 한 자는 약 30.3cm. 따라서 석 자는 90cm가 넘는다.

여름에 하루 놀면 겨울에 열흘 굶는다

●

근대산업화되기 이전의 우리는 주로 농업에 의해 모든 의식주를 해결하였는바 이를 위한 농사일은 대부분 논매고 밭 매는 여름철에 이루어지므로 여름하면 바로 농사를 의미하는 우리 문화의 원류를 연상하여 볼 수 있다.

그러하므로 한창 농사일을 바쁘게 해야 할 농번기인 여름철에 하루라도 일을 게을리하면 그 만큼 수확이 줄어들어 추운 겨울철에 고통이 따를 수 있음을 새롭게 경고해주는 뜻을 갖는 말이라고 본다. 따라서 이 속담은 기회가 왔을 때 그 기회에 맞춰 하는 한 가지 일이 그렇지 않은 다른 날 하는 것보다 더 많은 결과를 가져올 수 있으니 한시라도 게을리 하거나 그 일을 할 수 있는 기회를 놓치지 말고 잘 활용하여야 한다는 교훈적 의미의 속담이라고 할 수 있겠다.

또한 이 말을 여름이나 농사일에만 국한시키지 말고 우리가 일생을 살아가는 동안 수없이 겪어야 하는 모든 일에 적용해서 생각해 볼 필요가 있다고 본다.

특히 공부에 열중하여야 할 청소년과 같이 신체적으로 연부역강(年富力强)*하여 한창 부지런하게 일을 해야 할 젊은

106   한 줄 속담의 여유

시절을 어영부영하며 허송하다 보면 나이가 들어 늙고 병들었을때 돌이킬 수 없는 후회를 하게 된다는 세상의 이치를 잊지 말아야 할 것이다.

　사람은 항상 젊고 활기찬 시절만 있는 것이 아니고 또 모든 일은 할 수 있는 기회가 언제나 지속되는 것이 아닌 만큼 그 시기와 기회를 잘 포착하고 활용하여 적기에 최선을 다 함으로써 뒷날 그 결과와 보람을 만끽할 수 있는 삶이 되도록 슬기로운 지혜와 노력을 아끼지 말아야 할 것이다.

*
年 해 년　富 가질 부　力 힘 력　强 굳셀 강
나이가 젊고 힘이 세다

옷은 새 옷이 좋고 사람은 옛 사람이 좋다

●

물건은 새 것이 좋고 사람은 오래 사귀어 서로를 잘 알고 정분이 두터워진 사람이 좋다는 말이다.

물론 일반적으로 볼 때 그러하다는 것이지 우리가 사용하는 모든 물건이 꼭 새 것이 좋다거나 상대하는 사람마다 모두 새로 사귀는 사람이 옛 부터 알고 지내는 사람보다 못하다는 말은 아닐 것이다.

사실 우리 인간이 삶을 이어간다는 것은 바로 어떤 사물들과 접촉하며 물건을 사용하거나 사람들을 만나서 대화하며 마음을 주고받는 일들이 대부분을 차지한다고 보아야 할 것이다.

그러니 여기서 말하는 옷과 같은 물건을 사람이 이용하기 편리하고 보기 좋게 만들어진 물질적 측면으로 본다면 반대로 사람은 겉모습 보다 그 사람이 지니고 있는 마음이나 성품 등 겉으로 나타나지 않는 내면적 느낌을 뜻하는 것으로 보아야 할 것이다.

세월이 흐르면 사람의 마음도 변하기 마련이며 인구가 집중되고 경쟁이 심해지는 현대사회일수록 인심이 각박해지고

한 줄 속담의 여유

있음을 은연 중 지적하고자 하는 속담이 아닌가 생각된다.

죽마지우(竹馬之友)*라는 말이 있듯이 어려서의 개구쟁이 시절이나 군대의 생사고락(生死苦樂)**을 같이하던 전우(戰友)들은 세월이 흘러도 잊어지지 않는다.

하지만 성년이 되어 이익공동체 생활을 하면서 만난 사람들은 서로의 이해관계가 끝나거나 자주 만나지 못하면 자연스럽게 잊어짐은 서로의 만남이나 함께 했던 시절이 순수하지 못하고 상대로 인하여 자신에게 미치는 이해득실이나 유불리를 염두에 두는 사회에서의 사귐이었기 때문이 아닌가 생각된다.

*

竹 대나무 죽 馬 말 마 之 어조사 지 友 벗 우
대나무로 만든 말을 타고 놀던 친구. 어린 시절 함께 자란 친구를 말한다.

**

生 날 생 死 죽을 사 苦 쓸 고 樂 즐거울 락
삶과 죽음, 괴로움과 즐거움을 통칭하는 사자성어

모난 돌이 정 맞는다

●

여기에 나오는 정이란 돌에 구멍을 뚫거나 돌을 쪼아서 다듬
는데 사용하는 쇠로 만든 도구로 대개 원추형이나 사각형으
로 끝이 뾰족하게 만들어진 공구를 말한다.

지금도 그러하지만 옛날 석굴암이나 다보탑 등 돌로 된 조
각품은 모두 이와 같은 정을 이용하여 만들어졌다고 보면 쉽
게 이해할 수 있을 것이다.

그렇게 보면 '모난 돌이 정 맞는다'는 속담은 성격이 너그
럽지 못하거나 너무 튀는 척하는 사람은 남에게 미움이나 지
탄 받기 쉬움을 이르는 말로 풀이 할 수 있겠다.

세상 일의 옳고 그름은 대부분 다수의 기준과 보편적인 상
식의 원리대로 흐르기 마련이라 소수 의견이 아무리 옳다고
하더라도 다수의 호응을 얻지 못하거나 그 처해있는 소속과
집단의 생각에 공감되지 못하면 전체로 동화될 수 없는 것이
현실이다.

혼자만이 잘난 체 하거나 자기주장만 지나치게 고집하다가
는 자연적으로 주위의 눈총이나 미움을 받아 외롭게 될 수밖
에 없는 처지를 면치 못할 것이다.

한 줄 속담의 여유

그래서 고대 중국을 비롯한 동양에서는 넘치거나 부족하지 않는 중간의 떳떳함을 강조하며 중용의 덕을 선호해 왔다고 본다.

실제로 우리가 일상적인 생활을 하는데도 남달리 모나거나 튀지 않는 원만한 성격의 소유자들이 사회의 주류를 이루고 여러 사람들과 두루 어울리며 좋은 평가를 받고 있음은 각자 타고난 성품도 있겠지만 아마도 평소에 자기의 성격이나 태도에서의 모난 점을 스스로 연마하며 주변과 화목하되 부화뇌동(附和雷同)*하지 않는 자기관리 노력의 결과에서 나오는 것이라 생각된다.

附 붙을 부　和 화복할 화　雷 천둥 뢰　同 한가지 동
자기자신의 견식이나 소신이 없이 남의 의견에 따라하는 행동

쇠뿔도 단김에 빼라

●

어떤 일이던지 하겠다고 마음먹었으면 처음 하고자 하는 의욕이 강할 때 망설이지 말고 바로 실천으로 옮겨야 함을 강조하는 말로 소의 뿔을 뽑으려면 불로 달구어진 소뿔에 열이 식지 않았을 때 뽑아야 됨을 비유한 속담이라고 보겠다.

한편으로 쇠뿔의 쇠를 일반적으로 우리가 생각하는 소로 보지 않고 '쇠' 즉 '철'을 뜻하는 말로 풀이하는 견해도 있다. 쇳덩이가 불에 달구어져 식지 않은 상태일 때 망치 등으로 두들겨 낫이나 호미 등 만들고자하는 물건의 모양을 내야 된다는 뜻으로 기회를 놓치지 않고 잘 이용해야 한다는 의미가 담긴 말로 해석될 수도 있을 것으로 생각된다.

그러니까 여기에서 단김이란 달아오른 김에, 또는 달구어진 상태로 보아야 할 것이다.

아무튼 어떤 일을 계획하였으면 미루지 말고 바로 착수해서 추진해야지 그렇지 않고 이리저리 망설이다가는 계획만 해놓고 실행하지 못하는 공염불로 끝날 수가 있음을 지적하는 속담임에는 틀림없다고 본다.

무슨 일이던지 한창 열기가 뜨거울 때 주저하지 말고 바로

한 줄 속담의 여유

실행에 옮겨야지 머뭇거리다가 열기가 식은 다음에 다시 하려면 더욱 힘들뿐 아니라 아예 실행할 수 있는 시기를 놓치는 경우도 있을 것이기 때문이다.

우리가 일상생활을 하면서 수많은 크고 작은 일들을 계획하고 처리하게 되는데 생각했을 때 바로 실행에 옮겨야지 다음에 하겠다고 미루거나 여건이 바뀌기를 기다리다가는 잊어버리거나 또 다른 사정 등으로 처리하지 못하는 경험을 누구든지 갖고 있을 것이다.

대부분의 성공하는 사람들은 무엇이든 처음 생각났을 때 미루지 않고 바로 해치우는 습관을 갖고 있음은 우리 모두가 본받을 일이라고 생각한다.

간에 가 붙고 쓸개에 가 붙는다

●

자기에게 이익이 된다고 생각되면 어떤 일이던 주관이나 소신 없이 이쪽에 붙었다 저쪽에 붙었다 하며 자기의 잇속만 챙기는 얌체 같고 줏대 없는 사람을 비유적으로 이르는 말이다.

우리 몸에서 간과 쓸개는 같은 몸 안에 있지만 각각 그 생김새나 기능이 달라 완전히 구분되는 신체기관이다.

이처럼 각각 그 기능 및 역할이 다른 일이나 사람 또는 집단인데도 자기에게 유리한 잇속이나 보탬이 있다면 대단한 콤비나 되는 것처럼 부동(附同)*하여 따르다가도 자신에게 조금만 불리해지면 언제 그랬느냐는 듯이 떨치고 나와 반대편으로 붙어 아첨하는 사람들이 예나 지금이나 흔하게 있었기에 이와 같은 속담이 생겼을 것으로 본다.

사람은 누구나 자기 나름대로의 체면이나 최소한의 소신이라도 갖기 마련인데 오로지 겉으로 나타나는 이익이나 명예만 찾으며 체면과 염치도 없이 철새처럼 이리 저리 오가며 알랑거리는 사람들 때문에 건전하고 정의로운 사회를 혼탁하게 하는 일 들을 자주 보게 된다.

114

더욱이 우리사회는 전통적으로 내려오는 선비정신에 의한 곧은 절개나 자신의 올바른 소신을 중시하는 지조 같은 정신을 자랑스럽게 여겨왔다.

그런데 요즘은 오직 현실적인 이해타산만 따지게 되는 이기적인 시대로 변해가고 있음은 안타까울 따름이다.

특히 요즘처럼 선거제도가 지배하는 사회에서는 어떻게 해서라도 당선되는 것만이 최고의 선으로 생각하고 온갖 수단과 방법을 가리지 않으며 염치와 부끄러움을 모르고 떳떳하지 못함을 예사롭게 생각하는 경향이 만연하고 있음은 바람직스럽지 못한 일로 모두가 각성하고 서둘러 개선되어야 될 것이라고 본다.

*
附붙을 부   同 한가지 동
주관없이 남의 의견에 따라 움직임. 부화뇌동(附和雷同)과 같은 말이다.

숭어가 뛰니까 망둥이도 뛴다

●

사람은 저마다 외모와 성품이 다르고 생각이나 생활방식에도 차이가 있기 마련인데 남이 한다고 무작정 따라 하려는 자기주제 파악 못하는 사람을 비유적으로 이르는 속담이라 하겠다.

숭어는 우리나라 연안은 물론 태평양 등 큰 바다에도 많이 분포되어 있는 물고기로 뛰는 힘이 강해서 수면 위에 매우 높은 곳까지 거의 수직으로 뛰어오르고 내려올 때는 몸을 한 번 돌려 머리를 아래로 하고 떨어지는데 은빛 비늘을 반짝이며 떼를 지어 뛰어오르는 모습이 그야말로 장관이라고 한다.

반면에 망둥이는 보통 망둥어라 불리는 물고기로 주로 갯벌이나 진흙으로 이루어진 강의 하구 근처에서 서식하고 있으나 높이 뛰어오르는 재주는 별로 시원치 않은 것으로 알려져 있다.

망둥이는 숭어에 비해 크기에서 밀릴 뿐 아니라 생긴 모습도 숭어처럼 늘씬하지 못하여 숭어의 힘차고 멋있게 뛰어오르는 모습에 비하면 큰 차이가 나서 대조적인 상대로 비유하기 좋은 대상이라고 할 수 있겠다. 그러니까 이 속담은 남이

한 줄 속담의 여유

한다고 하니까 분별없이 덩달아 나설 때나 또는 자신의 분수나 처지는 생각하지 않고 덮어 놓고 잘하는 사람의 흉내를 따라하려고 할 때 쓰는 말이다.

사람은 각자의 생긴 모습도 다르지만 타고난 재주나 꾸준한 노력의 결과에 따라 많은 차이가 나기 마련이므로 각자 자기의 분수나 능력을 생각하며 적절하게 처신하여야 한다는 교훈을 주는 속담이라 할 것이다.

황새와 뱁새는 크기도 다르고 생명을 유지하는 방식도 달라서 나란히 걸어갈 수가 없듯이 힘에 넘치는 욕심은 도리어 해로울 수 있다는 자연의 이치를 간과해서는 안될 것이다.

어물전 망신은 꼴뚜기가 시킨다

●

먼저 어물전이란 '어물', 즉 물고기를 파는 가게이고 꼴뚜기란 오징어와 비슷하나 크기가 오징어 보다 훨씬 작아서 흔히 오징어 새끼라고 불릴 정도로 쉽게 오징어와 구별되는 물고기로 주로 젓갈을 담는 꼴뚜기 젓갈용으로 사용되는 물고기다. 그런데 이와 같은 꼴뚜기는 그 생김새가 볼품이 없어서 예로부터 물고기 중에서 가치가 낮은 것에 비유해왔다.

아마도 우리가 흔히 쓰는 꼴값 한다거나 꼴불견 이란 말도 이와 같이 대수롭지 않게 취급되는 데서 연유되지 않았나 하는 생각도 해본다.

이 말은 지혜롭지 못한 사람 한두 명이 주변의 다른 여러 사람들까지 망신시킨다는 뜻으로 사용되는 속담이다.

우리나라도 80년대 말부터 해외여행이 자유화된 후 해외관광 등 단체로 외국 여행하는 사람이 많아지면서 처음에는 여행 매너를 제대로 지키지 못해 주변의 눈살을 찌푸리게 하는가 하면 심지어는 '한국인 출입금지'라는 푯말까지 붙이는 곳이 있을 정도로 일부 사려 깊지 못한 사람들의 경박한 행동으로 나라 망신을 시키는 일들이 있었는데 이런 경우 소위 어물

한 줄 속담의 여유

전 망신은 꼴뚜기가 시킨다는 속담이 제격이라 볼 수 있을 것이다.

이와 같은 일들은 각자 개인의 의식 수준에 따라 다르겠지만 사람은 언제 어디에서나 자기만이 아닌 다른 사람들의 입장도 생각하며 다른 사람들에 피해가 되는 일이 없도록 남을 의식하고 배려하는 생활에 익숙해지는 노력을 게을리 하지 말아야 할 것이다.

그런 것이 바로 의식의 선진화 문화의 선진화로 명실상부한 선진국의 반열에 오르는 것이라 생각된다.

양반은 물에 빠져도 개 헤엄을 안친다

●

지조와 예의를 중하게 여기는 사람은 물에 빠져도 품격을 잃게 하는 개의 헤엄치는 시늉은 않는다는 말로 어떤 일이 아무리 궁하고 위급하더라도 체면에 어긋나는 일은 하지 않으려고 노력한다는 뜻을 나타내는 속담이다.

이 말은 비단 물에 빠지는 일에 비유하지 않는다 해도 우리가 일상생활을 하면서 사소한 이해관계 때문에 이랬다저랬다 잔 머리를 굴리며 약삭 빠른 체 염치를 불구하는 사람들로 인해 눈살을 찌푸리며 전체 분위기까지 흐리는 경우를 흔히 볼수 있다.

반면에 아무리 다급하고 어려움에 처하더라도 자기의 의지로 품위와 체면을 지키며 다른 사람에게 경박한 꼴을 보이지 않으려는 의연한 사람이 있어 신선함을 느끼게 하기도 한다.

역사적으로 볼 때 그와 같이 자신의 절개와 지조를 지키며 죽음을 두려워하지 않은 선비들로 인해 나라의 전통과 바른 역사가 이어져 내려오고 있음은 자랑스러운 일이 아닐 수 없다.

그러나 시대와 풍속이 바뀌며 제반 여건이나 가치관이 급하게 변하고 있는 요즘에는 과연 어떻게 사는 것이 꼭 바르다고 단정할 수 없을 정도로 경우에 따라서는 자기의 뜻이나 의지만을 지나치게 고집하는 일이 최선이라고 볼 수 없는 사회에 우리가 살고 있다는 생각도 하여야 할 것이다.

분명한 것은 바르고 옳은 일이라는 확신이 들면 최대한 주장하여 그 뜻을 관철시키겠다는 의지와 용기만은 결코 잃지 말아야 할 것이다.

위기에 처할수록 사리의 완급을 가리어 분명하고 신속한 판단과 신중한 언행으로 어려움에서 헤쳐나올 수 있는 자질을 갖는다는 것은 평소에 수양과 단련되는 노력이 뒤따라야 할 것으로 본다.

개도 나갈 구멍을 보고 쫓아라

●

개를 쫓아 몰더라도 도망칠 수 있는 길을 터주어야 한다는 뜻으로 어떤 대상을 다그쳐 몰아치더라도 상대가 궁지에서 빠져나갈 수 있는 최소한의 틈은 주어야지 그렇지 않으면 도리어 예상 밖의 저항에 부닥칠 수 있게 된다.

잘못이나 실수를 지적하고 야단을 치거나 훈계를 할 때 상대가 해명하거나 피해 나갈 수 있는 여지를 어느 정도 열어주라는 생활의 지혜를 담은 속담이다.

그러니까 이 말은 남을 죽이지 않으면 내가 죽을 수밖에 없는 전쟁터나 이를 방불케 하는 무술경기 같이 막다른 상황이 아니고 서로 함께 삶을 유지해야 하는 일상의 생활에서는 항상 간직해야 할 교훈적인 말이 될 것이다.

이와 비슷한 뜻으로 '고양이가 쥐한테 발등 물린다'는 말이 있는데 아무리 고양이 앞에서 설설 기는 쥐라 할지라도 막다르게 절박한 입장에 처하게 되면 고양이의 발등이라도 물을 수 있듯이 모든 생명체는 그 생명에 위협을 느낄 때 최후의 수단을 다하여 그 목숨을 지키고자 하는 본능이 있다.

그러니 똑같은 생명체로써 상대의 생명 또한 소중하게 생

한 줄 속담의 여유

각할 수 있는 여유를 만물의 영장인 사람이 어찌 모르쇠 할 수 있겠는가 하는 생각도 가져볼만 하다.

또한 이러한 생각을 인간에게 국한지어 볼 때 사람은 누구나 완전할 수가 없기 때문에 실수나 잘못도 있을 수 있기 마련이니 다소의 잘못이 있더라도 너무 극단적인 질책이나 나무람 보다는 스스로 반성하고 변명할 수 있는 여지를 갖도록 하는 유연함이 필요하다고 할 것이다.

때리는 시어미 보다 말리는 시누이가 더 밉다

●

여기서 시어미란 시집간 여자가 남편의 어머니, 즉 시어머니를 지칭하는 말이며 시누이는 남편의 누이를 부르는 말이다.

　옛날에는 여자가 시집을 가면 당연히 시집 식구들과 함께 살면서 남편 집안의 가풍이나 생활 풍속을 배우고 따라야 했다. 이러한 과정에서 소위 시집살이의 고통을 겪어야 했기 때문에 대부분 시어머니와 며느리 사이가 며느리 입장에서는 어렵고 조심스러워 항상 긴장과 주의를 늦출 수가 없었으므로 자연히 그 관계가 부드럽고 친밀한 사이를 이루기는 어려웠으리라 생각된다.

　시어머니는 늘 며느리에게 주의를 주고 야단을 치기도 하는데 그러할 때마다 곁에 있는 시누이가 올케의 서럽고 어려운 처지를 이해하고 도와주려 하지 않고 겉으로만 위로해주는 척하고 속으로는 헐뜯고 모든 것을 시어머니에게 고자질이나 한다면 새로 시집 온 며느리의 심정은 어떠했을지 가히 짐작이 갈만도 한 일이다.

　이처럼 어떤 잘못이 있을 때 직접 잘못을 지적하고 야단을 치거나 혼을 주는 사람보다 옆에서 말리는 시늉을 하며 겉으

　　　　　　　　　　　한 줄 속담의 여유

로 크게 생각하고 위로해주는 척 하지만 실제로는 뒤에서 헐뜯고 실쭉거리는 간사스런 사람이 더욱 얄밉고 괘씸하게 생각되기 마련이다.

차라리 잘못을 지적하며 혼을 주고 개선방안을 가르쳐주는 꾸지람이 고맙게 느껴질 것이다.

이러한 경우는 비록 가족관계에서 뿐만 아니라 누구나 사회생활을 하면서 종종 경험할 수 있는 일로 인간 본래의 떳떳하지 못한 속마음을 표현하는데 잘 비유된 속담이라 할 것이다.

돌다리도 두드려 보고 건너라

●

아무리 잘 할 수 있다고 자신하는 일이라도 다시 한 번 더 확인하고 점검해서 실수가 없도록 하라는 내용의 교훈적인 속담이다.

이 정도의 일이야 내가 잘 할 수 있는 일이니까 하는 지나친 자신감이나 긴장이 풀린 방심 때문에 의외의 실수를 저지를 수 있으니 무슨 일이던 신중이 생각하고 한 번 더 확인하는 마음으로 실패하는 일이 없도록 하여야 할 것이다.

옛날에 냇물에 돌로 놓아진 다리는 나무나 흙으로 된 다리보다 분명히 더욱 튼튼하고 안전하였겠지만 그 돌다리가 행여 무너질까 염려하면서 두드려 보고 건널 정도로 세상 일을 신중하게 확인해서 빈틈이나 실수 없이 살라는 교훈으로 우리 모두 가슴속에 간직 할 만한 일이라 할 것이다.

특히 요즘과 같이 어린 시절부터 성인이 된 후 까지 각종 시험문제를 풀고 살아야 할 일들이 많은 시대에 오랜 시간을 힘들게 고생하면서 공부하고 시험장에 들어가 시험지를 받아 문제를 풀면서 아는 문제라고 쉽게 답을 써서 시험지를 제출하고난 뒤에는 잘못 풀어진 문제가 있어 틀린 답이 있더라도 어쩔 수 없었던 경험이 누구나 한두 번쯤 있을 것이다.

그러한 일이 없으려면 돌다리를 두드려 보며 건너는 마음으로 매사를 점검하고 확인하는 생활습관이 몸에 배도록 하여야 할 것이다.

뿐만 아니라 사회생활을 하면서도 각종 이해관계나 복잡한 문제들이 얽혀져 있어 보다 신중하게 생각하고 다시 확인하는 습관을 들여서 경솔하고 쉽게 처리하므로 인해 생기는 낭패를 미연에 방지하도록 세심한 주의를 다하는 생활 자세를 갖도록 하여야 할 것이다.

될성부른 나무는 떡잎부터 알아 본다

●

잘 될 사람은 어려서부터 남달리 영리하고 똑똑해서 장래성이 엿보인다는 내용의 속담이다.

'크게 될 나무는 떡잎부터 알아 본다'는 말로 대신하기도 한다.

여기서 '될성부르다'는 말은 긍정적인 표현으로 잘 될 것 같은 장래성이 있다는 뜻으로 이해하고 떡잎이란 나무나 풀과 같은 식물이 씨앗에서 싹이 트며 최초로 나오는 '어린 잎'이라고 본다면 크게 자랄 나무는 아주 어렸을 때부터 그 생긴 모습이 분명하고 비바람에 잘 견딜 수 있도록 튼튼해 보인다는 말로 풀이할 수 있겠다.

물론 사람이나 다른 동물들도 아예 태어날 때부터 어느 한 곳이라도 흠 잡을 곳 없이 반듯하고 건강한 상태이어야 튼튼하고 영리하게 잘 자랄 수 있을 것이고 또 그렇게 자라면서 각종의 올바른 교육과 예절을 몸에 익히면서 어린 시절을 보낸다면 그 야말로 장래가 촉망되는 사람이라고 누구나 얘기할 수 있을 것이다.

이와 같이 어떤 일을 시작할 때 좋은 결과가 기대되는 일은

한 줄 속담의 여유

처음부터 좋은 징조를 보이며 일이 순조롭게 잘 풀려나간다는 뜻으로 사용할 수 있는 속담이라고 본다.

　동물이나 식물을 막론하고 각자의 세계에서 남달리 크게 되고 나름대로의 역할을 다할 수 있으려면 처음에 태어나기도 잘해야겠지만 그에 못지않게 잘 자랄 수 있는 외부 환경과 주변에 적응하며 각종 장애를 극복하려는 교육과 자체의 노력이 뒤따라야 자타(自他)*가 공인하는 장래의 희망을 성취할 수 있을 것이라 생각된다.

*
自스스로 자　他다를 타
자기와 남, 나와 다른 사람을 아울러 이르는 말

망건 쓰다 장 파 한다

●

망건(網巾)이란 옛날에 성인 남성이 머리를 걷어 올려 정수리 부근에 묶는 상투를 틀고 그 상투와 그 위에 얹는 갓과 같은 일종의 모자를 고정시키기 위해 머리에 두르는 띠 역할을 하는 장식품을 말한다.

그러니까 망건 위에 우리가 흔히 볼 수 있는 관이나 갓을 쓰게 된다.

그러므로 갓을 쓰기 보다는 망건을 쓰는 일이 더 많은 시간과 공을 들여야 된다는 사실을 먼저 이해하여야 할 것이다.

또한 장은 요즘도 시골에서는 그러하듯이 대부분 5일 마다 한 번씩 장마당이 서기 때문에 장에 가는 기회를 한번 놓치면 일단은 5일이 지난 다음 장을 기다려야 했었다.

지금은 평소에도 늘 상가나 마트 등이 운영되며 특히 배달 제도가 활성화 되고 있어 시장 개념이 모호해졌을 뿐 아니라 시골에서도 5일장의 풍속이 점점 퇴색하고 있는 실정이다.

그러나 예전에는 장에 갈려면 일찍부터 서둘러 팔 수 있는 물건을 준비하고 이른 시간에 장마당에 도착해서 물건을 사거나 파는 거래를 성사시켜야 하는데 집에서 상투를 틀고 망건을 쓰는 등 몸치장 같은 부수적인 일에 신경을 쓰느라 늑장을 부리다보면 막상 물건을 사거나 팔 수 있는 장마당이 파하고 본래의 일은 성사시킬 수 없게 되는 낭패를 초래하게되니 이를 비유해서 서론보다 본론에 치중하여야 함을 강조하는 속담이라 하겠다.

그러니까 부차적인 일에 힘과 정신을 쏟기보다는 본질에 집중하고 시기를 잘 맞춰 일이 그릇되지 않도록 해야 한다는 교훈을 주는 말이라 할 것이다.

물론 어떤 일을 하려면 사전에 충분한 검토와 준비가 있어야 하겠지만 그렇다고 정작 본래의 주된 일을 할 수 있는 기회까지 놓치도록 선후가 바뀌어서는 안 될 것이다.

신선놀음에 도끼자루 썩는 줄 모른다

●

어떤 재미있는 일이나 놀이에 열중하다 보니 진짜로 해야 할 중요한 일은 잊어버리고 못 한다는 의미를 가진 속담이다.

이 말은 중국 진나라 때 한 나무꾼이 산으로 나무를 하러갔다가 어느 동굴에서 신선 2명이 바둑을 두고 있는 것을 보고 바둑 두는 구경에 정신을 쏟으며 날이 저물게 되어 집으로 돌아가기 위해 가져온 도끼를 찾았다.

그러나 나무로 된 도끼자루는 썩어 없어지고 쇠로 된 도끼날만 남아 있는 것을 보고 이상하게 생각하며 마을로 내려와 보니 마을은 그 나무꾼이 떠나올 때와는 몰라보게 많이 변할 정도로 오랜 세월이 흘러버렸다는 전설에서 유래된 속담이라고 전해온다.

원래 도교 문화의 본산지인 중국의 신선사상에 바탕을 둔 것으로 우리나라로 전파되면서 변이되어 단순한 민담으로 정착되었다고 보아야 할 것이다.

이 속담으로 우리는 평소 일상적인 생활을 하는데 언제나 본분이나 기본정신을 잃지 않고 매사를 철저하게 함으로써 낭패 보는 일이 없도록 해야겠다는 교훈을 얻을 수 있다.

한 줄 속담의 여유

일시적인 향락에 빠짐으로 인해 크고 많은것을 잃게 될 수도 있음을 새롭게 해주는 말이라고 보겠다.

더욱이 요즘의 세상사는 매우 복잡하게 얽혀 있을 뿐 아니라 각종의 이해관계와 치열한 경쟁이 이어짐에 따라 잠시만 한눈을 팔거나 정신을 차리지 않으면 바로 낭패가 뒤따르는 세상임을 잊지 말아야 할 것이다.

참고로 여기에 나오는 나무꾼은 중국 진(晋)나라 때 사람 왕질(王質)을 일컬으며 이 속담의 근원이 되는 설화를 선유후부가설화(仙遊朽斧柯說話)*라고 한다.

*
仙 신선 설 遊 놀 유, 놀이 유 朽 썩을 후 斧 도끼 부 柯 자루 가
說 말씀 설, 말 설 話 이야기 화

뱁새가 황새 따라가려면 다리가 찢어진다

●

우리가 흔히 뱁새라고 부르는 새는 '붉은 머리 오목눈이'라는 참새와 비슷한 아주 작은 새를 말하며 반면 황새는 크기가 일반적으로 1m 정도나 되는 큰 새를 이르는 말이라고 이해하여야 할 것이다.

이와 같은 비유로 이 속담이 자기 분수를 모르고 남을 따라서 힘겨운 짓을 하다보면 오히려 낭패스런 결과를 초래하게 된다는 뜻을 갖는다고 볼 수 있겠다.

그러니까 다리가 짧아 종종 걸음을 걷는 뱁새가 긴 다리로 성큼성큼 걷는 황새와 나란히 걸어 갈 수는 없을 테니 이를 사람의 일과 비유해서 격차나 능력이 뛰어난 사람을 무조건 따라 갈려고만 하지 말고 어떤 일 이던 자기 힘에 맞는 일을 찾아 성취하도록 하는 노력과 지혜가 필요할 것으로 본다.

한날 한시에 세상에 나온 사람의 다섯 손가락도 그 크기가 다르고 각각 그 역할이나 기능이 다르듯이 세상일은 본래부터 차이가 있게 마련이고 각자 자기 나름대로의 능력이나 신분의 한도가 다르기 때문에 자기의 적성과 능력에 맞는 일을 해야지 무턱대고 큰 욕심만 갖고 무리하게 힘을 쓰다보면 오

한 줄 속담의 여유

히려 부작용만 따를 것이다.

사람은 누구나 높고 귀한 자리에서 많은 사람들의 선망이나 부러움을 받으며 살고 싶거나 부자로 살면서 늘 좋은 음식과 옷을 입으며 고급스러운 차를 타고 싶은 마음을 갖을 수 있지만 그러한 바람이나 욕망 자체를 탓할 수는 없는 일이다. 그렇지만 세상일은 모두 그렇게 자기 뜻대로만 되지는 않으니 자기의 분수에 맞게 노력하고 만족할 수 있는 마음의 여유와 지혜를 갖는 수련이 필요할 것이라는 뜻으로 받아들여야 할 것이다.

우물 안 개구리

●

깊고 좁은 우물 안에서만 살고 있는 개구리는 당연히 우물 안이 세상의 전부라고 믿고 우물 밖의 넓은 세상을 알 리가 없으며 하늘은 우물 구멍으로 보이는 것처럼 동그랗고 작은 것으로 알고 있을 것이다.

이와 같이 사회의 형편이나 돌아가는 세상의 물정을 모르고 견문이 좁은 사람을 일컬어 비유한 속담이라고 생각한다.

본래 이 말은 중국 고전 장자(莊子)의 추수 편에서 정중지와(井中之蛙)*로 나오는 사자성어와 관련된다고 본다.

그 내용인 즉 우물 안에서 살고 있는 개구리가 자신의 세계가 좁은 줄은 모르고 자기가 알고 있는 것이 전부인 것처럼 살아가듯이 생각이나 식견이 좁은 사람을 뜻하는 말이다.

여기서 식견이란 보고 듣고 체험하며 배워서 얻은 지식을 뜻한다고 보아야 할 것이다.

과연 우물 속에서만 살아가는 개구리가 넓고 푸른 바다 위로 밀려오는 하얀 파도나 바위틈으로 곱게 물들어가는 가을 단풍의 아름다움을 어찌 상상이나 할 수 있겠는가.

우리 인간들 또한 자기 세계에 갇혀 남의 말을 멀리하고 편견에 사로잡힌 채 세상을 다 아는 것처럼 행세한다면 더 나은 학문이나 지식을 쌓을 수 없어 지금보다 더 나아지거나 발전을 기대하기는 어렵다고 보아야 할 것이다.

사람은 누구나 자기가 보는 세상이 가장 넓고 자기가 알고 있는 지식이 가장 옳고 위대하다고 생각하는 아집(我執)**에 빠지는 경향이 있으나 이와 같은 공간과 시간과 지식의 벽을 뛰어넘어 더 넓고 더 높은 세계로 향한다는 생각을 가져야 할 것이다.

*
井 우물 정 中 가운데 중 之 어조사 지 蛙 개구리 와

**
我 나 아 執 잡을(지킬) 집
자기 중심의 좁은 생각만 고집해 다른 의견을 받아들이려 하지 않는 것. 흔히 자기중심적 사고를 뜻하는 말이다.

아니 땐 굴뚝에 연기 날까

●

아궁이에 불을 지피어 연료가 불에 타기 때문에 굴뚝으로 연기가 올라오듯이 어떤 일이든 원인이 없으면 결과도 없다는 뜻으로 사용되는 속담이다.

굴뚝은 아궁이에 불을 땔 때 연기가 빠져 나가도록 만든 우리 전통 가옥의 구조에서 볼 수 있는 건축물의 일부 시설이다.

우리의 전통 한옥에서는 방안을 따뜻하게 하기 위하여 온돌을 설치하는데 아궁이에 불을 때면 뜨거워진 열기가 연기와 함께 온돌로 된 방바닥 밑의 방고래를 통과하며 방안을 따뜻하게 하고 그 연기는 굴뚝을 통해 밖으로 빠져나가게 되는 구조이다.

그렇기 때문에 굴뚝에서 연기가 나오는 것은 바로 아궁이에서 불을 때야만 가능하고 불을 때지 않으면 굴뚝으로 연기가 나올 수 없으므로 이와 같은 사실, 즉 원인이 없이는 결과가 있을 수 없음을 비유한 것이다.

이와 같이 세상에 떠도는 아무리 뜬금없는 소문이라 할지라도 반드시 그러한 소문이 날만한 원인과 소지가 있었을 것

한 줄 속담의 여유

으로 미루어보고 소문의 주인공은 소문이 사실이던 아니던 의심과 오해를 받을 수가 있으므로 소문의 출처와 배경을 확인해 볼 필요가 있을 것이다.

요즘과 같이 각종 이해관계가 얽혀있는 사회에서는 온갖 소문이 난무하기도 하는데 누군가 자신을 시기하고 헐뜯기 위하여 확실한 근거도 없는 소문을 퍼트리기도 하겠지만 그렇다고 무조건 사실이 아니라고 우기거나 소문의 당사자에게 감정적으로 따진다면 오히려 소문을 감추려한다는 오해까지 받을 수 있으니 사실 여부를 잘 파악해서 해명하고 대처할 수 있는 슬기도 있어야 할 것이다.

비 온 뒤에 땅이 굳어 진다

●

비가 와서 빗물로 질척거리거나 무르게 된 땅은 물기가 마르고 나면 비 오기 전보다 더욱 단단해지기 마련이다.

이처럼 어려운 일을 겪고 나면 그 어려움으로 인하여 단련이 되어서 더욱 강해진다는 뜻을 지닌 속담이다.

비에 젖은 땅이 마르면서 굳어지듯이 어떤 시련을 겪은 뒤에는 그 시련에 대한 저항력과 경험이 생겨 더욱 강해짐을 비유적으로 이르는 말이다.

사람의 몸에 오는 각종 질병도 한 번 앓고 나면 대부분 그 병에 대한 내성이 생겨 다시는 같은 질병 때문에 고생하는 경우가 드문 일 또한 같은 원리로 보아야 할 것이다.

어떤 사람이던 세상을 살아가는데 많은 장애와 시련으로 힘들어 하는 때가 있기 마련이다.

그러나 그러한 시련과 장애를 굳센 용기와 슬기로운 지혜로 잘 극복하고 넘기면 그럴수록 더욱 강해지고 굳은 의지와 경험에 의한 자신감이 생겨 또 다른 어려움도 잘 이겨 나갈 수 있게 된다.

그러기 때문에 옛부터 풍파(風波)*를 겪지 않은 사공은 명

한 줄 속담의 여유

사공이 될 수 없다는 말이 있기도 한가보다. 사람을 사귀는데도 의견이 상충되거나 성격이 서로 달라 한두 번 다투고 나서는 더욱 친밀해지는 경우가 흔치않다.

어려움을 모르고 살다가는 조그만 시련도 이를 극복하며 타개할 생각을 하기 보다 먼저 좌절감을 갖고 포기하거나 다른 사람의 도움을 바라는 나약한 마음이 앞설 수 있기 때문에 평소에 강인하고 굳센 심성과 용기를 갖도록 많은 노력과 수련이 있어야 할 것으로 본다.

---

*
風 바람 풍　波 물결 타
세찬 바람과 험란 파도를 일컫는 말로 세상살이의 어려움이나 곤란한 일이 생기는 것을 뜻한다.

벼는 익을수록 고개를 숙인다

●

벼는 한 해살이 풀로 여름에 맺은 열매가 가을이 되어야 단단하게 여무는데 이 열매를 찧어 알곡이 된 것이 바로 우리나라를 비롯한 아시아인들의 주식의 재료가 되는 쌀이다.

벼가 익는다는 말은 가을이 되어 벼의 열매가 점점 더 단단하게 여물어지고 이에 따라 벼는 이삭의 무게를 견디기가 버거워 고개가 숙여져서 사람으로 치면 공손하게 고개를 숙이고 인사하는 모습을 연상하게 된다.

그러니까 익어가는 벼를 사람에 비유한다면 지식과 인격의 수양이나 오랜 훈련 등으로 소위 속이 꽉 채워진 사람을 일컬으며 그러한 사람일수록 겸손하고 잘 난체 하며 덤벙대지 않는다는 뜻으로 이해되어야 할 것이다.

그러나 대부분의 사람들은 능력이 생기거나 지식 정도가 조금만 낫다고 생각되면 자신을 뽐내며 교만해지는 경향이 있기 마련이다.

더욱이 별로 잘난 것도 없으면서 자신이 대단한 사람인양 목에다 힘을 주면서 자기 능력을 과시하려는 사람들 때문에 눈살을 찌푸리게 하는 경우도 종종 보게 된다.

　　　　　　　　　　　　한 줄 속담의 여유

꼿꼿하게 서 있는 벼 이삭은 아직 다 여물지 않아 속이 비어 있는 껍질뿐이지만 그 속의 알맹이가 여물어지고 내용이 충실해질 때가 되면 자연히 겸손하게 고개가 숙여지기 마련이다.

어디에서나 자기만을 내세우고자 하는 사람은 바로 남을 깎아 내리려하는 마음의 내면적 빈약함과 상대방에 뒤진다는 열등의식 때문에 큰 소리와 겉치레로 자기를 과시코자 하는 데서 나타나는 현상이라 할 수 있을 것이다.

사람은 누구나 본래부터 완벽할 수가 없어 평소에 많은 노력과 수련이 뒤 따라야 하는 바 부족함을 모르고 허세를 부리며 잘난체하는 자세는 지탄의 대상이 될 수밖에 없는 일이다. 이 속담은 "빈수레가 요란하다"는 말의 반대 개념으로 보면 쉽게 이해 할 수 있다고 본다.

三部
경험의 한 줄

사촌이 땅을 사면 배가 아프다

●

이 속담을 직설적으로 풀이해 본다면 사촌이 땅을 사면 샘이 나서 배가 아프다는 말로 가까운 사람이 잘 되는 것을 기뻐하며 축하해주지 않고 오히려 시기하고 질투하는 인간의 바르지 못한 심리를 지적하는 뜻에서 나오는 말이라 할 것이다.

다른 사람, 특히 잘 알고 지내는 사이의 가까운 사람이 잘 되면 겉으로는 축하를 해주는 척 하면서도 속마음으로는 질투하며 시기하는 마음의 부정적 의미로 사용되는 속담으로 볼 수 있다.

성선설(性善說)을 주장한 고대 중국의 학자 맹자는 사람은 태어날 때부터 선천적으로 착한 본성을 갖는다고 주장하였다.

그러나 실제로 우리가 평소에 생활하면서 느끼는 인간의 내면에는 가까운 사람이 잘 되면 괜스레 시기하고 나쁜 일을 당해도 모른 척 하고 싶은 고약한 심성이 마음 한편에 자리하고 있는 것 같은 일부 보통 사람들의 실상 또한 부인하기가 어렵다고 볼 수도 있을 것 같다.

그래서 누구나 많은 수양과 마음을 다스려 고약한 심성의 발현을 절제하고 순화시키는 공부가 필요하지 않은가 하는 생각이 든다.

　이 사회는 어차피 혼자 살기 보다는 여러 사람들이 함께 어울리는 공동생활로 발전되어 왔으며 이와 같은 생활 형태는 앞으로도 지속될 것이기 때문에 다른 사람, 특히 친 인척이나 이웃 등 가까운 사람들의 고통은 곧 나의 고통이고 그들의 기쁨은 바로 나의 기쁨이라는 마음과 생활의 자세를 가질 수 있도록 하는 노력이 지속되어야 할 것이다.

구렁이 담 넘어 가는 듯하다

●

어떤 일의 처리를 투명하고 확실하게 하지 못하고 슬그머니 얼버무려 버리는 경우를 나무라며 비유하는 속담이다.

구렁이는 보통 일반 뱀보다 훨씬 큰 뱀으로 일부 가정에서는 집 안을 지켜주는 수호신처럼 신성시 되던 파충류 동물인데 성질은 온순하나 동작이 느려 음흉하거나 능글맞은 동물로 상징되는 경향이 있다.

그래서 어떤 일을 처리하는데 남들이 모르게 슬그머니 해치우거나 본심을 드러내지 않고 혼자서 속으로만 알고 추진하는 사람을 볼 때는 구렁이를 연상하게 되어 이와 같은 속담이 생기지 않았나 생각해본다.

구렁이는 대개 농가의 초가지붕 속에서 쥐나 새 등을 잡아먹으며 살다가 먹잇감이 없으면 다른 곳으로 이동을 한다고 하는데, 이동하는 동안 대부분 사람들의 시선을 피하여 슬그머니 담장을 타고 넘기 때문에 눈에 잘 띄지 않는다고 한다.

물론 사람들은 모두가 생김새도 다르지만 성격이나 각자의 생활방식 또한 다르기 때문에 일을 처리할 때 힘이 들더라도 자기 혼자 시작해서 끝까지 매듭지으려 하는 사람도 있고 또

한 줄 속담의 여유

관련이 있는 다른 사람들과 의논해가며 시종일관을 투명하고 분명하게 처리하여 완성시키는 사람도 있을 것이다.

그러나 여기서 말하는 구렁이 담 넘어가듯 한다는 얘기는 다른 사람들과의 이해관계를 의식하거나 같은 조건이라도 자기에게 유리하게 하는데 다른 사람이 알아서 좋을 게 없다는 다소 이기적이고 음흉한 뜻으로 슬그머니 남모르게 처리하는 경우를 염두에 두고 나온 속담이 아닌가 생각된다.

도둑 맞으려면 개도 안 짖는다

●

재수가 없으면 평소에 예사롭게 하던 일도 잘 풀리지 않고 문제를 일으킨다는 뜻이다.

오늘날과 같은 첨단 과학 시대에 재수를 찾는다는 말이 좀 어울리지 않는 것 같으나 원래 속담이란 옛날부터 일상에서 자주 발생하는 일반적인 사례를 비유와 풍자로 묘사하고 표현해서 많은 사람들부터 여유와 쾌감을 얻을 수 있는 관용어구라고 할 것이다.

그렇게 본다면 그 말들이 수없이 많은 반복으로 대중들의 공감에 따라 우리의 언어 사회에 정착된 것으로 보아야 할 것이다.

평소에 아무 이상 없이 잘 진행되든 일이 어느 날 갑자기 탈이 생기거나 문제를 일으키는 경우를 우리는 종종 경험하게 되는데 이럴 때 떠올리는 말이 될 것이다.

개라는 짐승이 요즘은 반려견으로 우선시 되지만 불과 몇 십 년 전까지만 해도 도둑을 지키는 역할에 이용하기 위해 가정에서 기르는 일종의 가축 정도로 인식되었다.

실제로 개라는 동물은 낯선 사람을 보면 짖는 본능이 있는데 어느 날 도둑이 집안으로 들어와 귀한 물건을 가져갔는데 그날따라 개도 짖는 일이 없었다고 생각해보자. 이 얼마나 황당하겠는가.

이렇게 놀랍고도 황당한 순간의 사람 마음을 비유해서 표현한 말이 바로 이 속담이라 생각된다.

이와 같이 사람의 일이란 항상 조심하고 대비를 철저히 한다고 해도 전혀 예상치 않던 사고나 낭패스런 일이 갑자기 닥칠 수 있다는 생각을 하며 더 많은 예방과 긴장을 잃지 않는 생활 자세를 강조하는 뜻이 있다고 할 것이다.

바늘 도둑이 소 도둑 된다

●

처음에 대수롭지 않게 생각하며 작은 바늘 하나를 훔쳐 본 도둑이 나중에는 큰 황소까지 훔치게 된다는 말로 비록 작고 하찮은 나쁜 짓이라도 계속하다 보면 나중에는 큰 잘못을 저지르게되니 해서는 안될 일이라면 아예 처음부터 손을 대지말라는 뜻이 담긴 속담이다.

보통 바늘은 아주 작게 느껴지는 사소한 일의 대표적인 물건이고 소는 옛날 농경사회에서 농가 재산 목록 첫째로 꼽을 정도의 큰 재산으로 여겼기 때문에 이 말은 작고 큰 것에 대하여 아주 극명하게 비유 된다고 볼 수 있을 것이다.

이 속담은 처음으로 삶을 시작하는 어린 시절 부터 인식과 습관에 각인되도록 어른들이 반복적으로 교육시켜도 지나침이 없을 것이라는 생각을 갖게 해준다.

어떠한 이유에서든 도둑질이 난무하거나 정당화되는 사회를 인정하고 방관할 수가 없기 때문이다.

매사가 첫 단추부터 바르게 끼워져야 하듯이 인생을 시작하는 어린 시절부터 바른 일과 잘못되는 일을 분명하게 구분하고 도둑질과 같이 나쁜 일을 절대로 해서는 안 된다는 생각을 확실하게 인식 하도록 해주면 이 사회는 훨씬 더 밝고 명랑한 사회가 될 것이지만 모두가 그러하지를 못하기 때문에 옛날부터 이러한 속담이 생기고 또 지금까지 이어져 오고 있을 것이라 생각된다.

어떡하다 설마 이 정도야 하며 바늘과 같이 작은 것이라도 남 몰래 도둑질을 하다 보면 점점 커지고 대담해져 큰 소까지 훔칠 수 있게 될 테니 아예 처음부터 바르지 못하고 나쁜 일이라고 생각되면 고개를 돌리는 기본적 소양이 지켜지는 사회 구현을 위한 모두의 노력이 요구된다고 할 것이다.

개미가 정자나무 건드린다

●

힘도 없으면서 분수도 모르고 큰 세력에 맞서 덤비려 하는 가당찮은 짓을 비유하여 이르는 속담이라 할 것이다.

작은 개미가 죽을 힘을 다 하여 큰 정자나무를 건드린다고 해도 나무는 꿈쩍 안 할 테니 작고 힘없는 개미의 부질없는 짓에 대한 비웃음 치고는 엄청난 비유라고 할 수 있겠다.

여기서 정자나무란 우선 큰 나무라는 이미지가 떠오르듯이 집 근처나 마을 가운데 있는 가지가 많고 잎이 무성한 아름드리의 커다란 나무로 여름이면 그 그늘 밑에서 사람들이 모여 더위를 피해가며 쉬기도 하고 정자처럼 이용하는 나무를 말한다.

물론 그 작고 하찮은 개미가 감히 상상조차 하지 못할 정자나무를 건드린다는 대담성을 부각 시키고자 하는 뜻으로 생각할 수도 있겠지만 그 보다는 도저히 이루어 질 수 없는 일에 도전하는 개미의 무모한 짓을 강조하는데 더 큰 의미가 있다고 보아야 할 것이다.

사람은 누구나 각기 나름대로의 능력과 분수에 따라 크고 작은 차등에 처하기 마련이다. 그러므로 자신의 능력이나 분

한 줄 속담의 여유

수를 알아 거기에 알맞게 살아가는 것 또한 각자의 지혜나 슬기에 따라야 할 것이다.

그렇지 않고 욕심대로만 하려고 하다 보면 자기 분수나 주제를 모르고 뜬구름이나 잡으려고 하는 사람이라는 소리를 면할 수 없을 것이다.

하늘에서 내리는 비는 똑 같지만 큰 그릇은 빗물을 작은 그릇보다 더 많이 받게되는 이치를 알고 자신의 능력이나 역량에 맞는 삶의 길을 찾는 지혜를 가져야 할 것으로 본다.

소 잃고 외양간 고친다

●

일이 잘못된 뒤에는 손을 써도 소용이 없거니와 이미 때 늦은 수고일 뿐이니 그러한 일이 없도록 사전에 철저히 대비하라는 뜻의 속담으로 우리가 흔하게 쓰는 말이다.

외양간이란 소나 말을 기르며 생활하게 하는 일종의 마구간을 말한다.

지금도 그렇지만 특히 옛날 주로 농사를 짓고 살아야 하는 시골에서는 소가 농가의 재산 목록 중 첫째가 되는 소중한 재물이었다.

소가 있어야 논밭에서 힘을 적게 들이고 많은 일을 할 수 있고, 또 소가 새끼를 낳으면 팔아서 목돈을 마련하여 자녀들의 학자금을 대주거나 혼수 밑천으로 사용할 수 있었기 때문이다. 그래서 농가에서는 기르는 소를 가족의 한 구성원 같이 생각하며 정성을 다하여 가꾸고 관리했었다.

그런데 이렇게 귀중한 역할을 하는 소가 생활하는 외양간 관리를 소홀히 해 주인 모르게 소가 달아나거나 도둑에 의해 소를 잃게 되면 얼마나 안타깝고 황당하겠는가.

이러고 나서는 허술했던 외양간을 아무리 새롭고 튼튼하게 수리한다 해도 없어진 소가 다시 돌아 올 리 없고 외양간 관리 잘못한 후회를 아무리해도 이미 때가 늦어 돌이킬 수 없음을 강조하는 뜻으로 볼 수 있다.

비슷한 말로 사후약방문(死後藥方文)*이라는 말이 있는데 죽은 후에 아무리 좋은 약을 처방하고 구해온들 무슨 소용이 있겠는가!

그래서 사람은 항상 예측할 수 없는 재난에 대비해 평상시보다 철저하고 완벽하게 처리하는 생활자세가 몸에 배도록 하여야 할 것으로 본다.

아울러 평소에 위기를 대처하기 위한 준비를 하여두면 갑작스런 어려움에 닥치더라도 걱정되는 일이 없다는 유비무환(有備無患)의 생활을 강조하는 속담이라 하겠다.

*
死 죽을 사　後 뒤 후　藥 약 약　方 모 방　文 글월 문
죽은 후 약방문을 쓴다는 뜻. 이미 때가 지난 후 대책을 세우거나 후회하는 것은 소용없다는 의미다. '약방문'은 한약을 지을 때 필요한 약재나 약의 분량 등을 적어 놓는 종이로 요즘의 처방전과 비슷하다고 볼 수 있다.

소문난 잔치에 먹을 것 없다

●

소문과 실제가 일치하지 않고 사실과 다르며 실속이 없다. 그러니까 소문은 요란하게 떠들썩한데 그 기대에 비해 실속이 없거나 겉모습과 내용이 너무 크게 차이가 있어 실망스러움을 갖게 하는 경우를 나타내는 말이다.

한문으로 표현해 보자면 외화내빈(外華內貧)*, 즉 겉만 화려하고 속은 빈약하다는 말과 같은 뜻이라고 볼 수 있겠다.

옛날에는 결혼식을 하거나 부모님의 회갑을 맞이하게 되면 지금과 같이 예식장이나 음식점 등이 제대로 되어 있지 않았기 때문에 각자 집에서 음식을 장만하고 손님들을 초대하여 잔치를 베풀곤 하였다.

이럴 때 동네 부잣집에서 잔치를 한다고 하면 초대하지도 않은 인근의 거지들까지도 잔치 날을 기다리며 부잣집 잔치를 기대하다가 막상 잔치 날 차려진 음식상이 기대에 미치지 못하면 서로가 약속이나 한 듯 소문난 잔치 먹을 것 없다고 떠들어 대는 것을 보았든 기억이 새롭다.

본래 가난한 집의 잔치는 조금 부족한 점이 있더라도 그저 그런가 보다 하지만 평소 동네에서 큰 소리깨나 치던 부잣집

　　　　　　　　　　　　한 줄 속담의 여유

의 잔치가 소홀하면 그 실망이 더욱 컸던 것이다.

모든 일에 겉보다는 내용이 충실한 생활이 되어야지 말만 요란하고 실제 하는 행동은 말과 다르게 가볍고 진실하지 못하다면 어디를 가도 인정받을 수 없고 또한 남 들이 따르지도 않을 것이다.

그래서 지난 한때 '속이 꽉 찬 남자 99점 9'라는 노래까지 나오지 않았나 하는 생각이 새롭게 느껴지는 속담이라고 할 수 있겠다.

요란스러운 빈 수레엔 실속 있는 짐이 실려 있지 않다는 사실과 비슷한 뜻으로도 볼 수 있겠다.

---

*

外 밖 외 華 고울 화 内 안 내 貧 가난할 빈

개밥에 도토리

●

어떤 무리나 조직에서 함께 어울리지 못하고 혼자만 떨어져 무척 외롭다는 뜻으로 따돌림을 받거나 외톨이노릇 하는 사람을 비유적으로 이르거나 따돌림 받는 본인이 자기 자신을 가리켜 자조적으로 쓰는 말이라 하겠다.

개는 가공되지 않은 도토리 자체를 먹지 않음으로 개밥 속에 도토리가 들어있으면 밥과 함께 섞이어 먹히지 못하고 끝까지 남기 때문에 이를 비유해서 나온 속담이라고 본다.

요즘은 '개'하면 애완견이나 반려견이 연상되며 먹이도 별도의 전용사료를 사용하지만 옛날에 개들은 일상적으로 사람이 먹다 남은 음식을 활용해 기르는 가축으로 생각했기 때문에 개밥은 주로 음식 찌꺼기 등이 되었다.

그러한 개 밥 그릇에 어쩌다 도토리가 들어있으면 같이 섞이거나 개한테 먹히지도 못하고 이리저리 밀리며 따돌림 당할 수밖에 없을 것이다.

이와 같이 여럿이 모인 중에서 유별나게 미운 짓 만 하거나 낯선 사람은 멀리하며 서로 피하려고 하듯이 따돌림을 당할 때 흔히들 개밥에 도토리 신세라고 빗대어 말하는 것을 볼 수

한 줄 속담의 여유

있다.

요즘에는 이보다 좀 더 거친 표현으로 "왕따 당 한다"는 말을 쓰기도 하는데 어쨌든 좀 부정적이고 원만하게 어울리지 못함을 의미하는 말이라고 볼 수 있겠다.

사람은 각자 외부적 여건이나 내면적인 성격이 다르지만 여럿이 함께하는 공동생활을 원만히 하기 위하여는 서로의 입장이나 처지를 이해하며 양보하는 마음을 갖도록하는 노력이 필요하다고 본다.

얌전한 고양이 부뚜막에 먼저 올라 간다

●

겉으로는 얌전하고 고상한 척 하지만 속으로는 표리부동(表裏不同)*하게 딴 짓을 하거나 자기 실속만 차리는 경우를 비유적으로 이르는 말이다. 그러니까 말 잘 들을 것 같은 얌전한 고양이가 요즘의 조리대와 같이 사람이 먹는 음식을 준비하는 부뚜막에 먼저 올라가 말썽을 부린다는 말로 겉모습과 다른 속내를 가지고 있는 이중성격의 소유자를 지칭하는 부정적인 의미를 담은 속담이라고 할 수 있겠다.

어떻게 보면 이 사회의 구조 자체가 누구나 경우에 따라서는 약간의 이중 잣대를 필요로 할 정도로 혼란스럽고 복잡한 일들이 있기도 하지만 이 속담은 그런 정도의 보편적인 수준을 벗어나서 유별나게 겉과 속을 달리하며 속임수를 부리는 사람을 지칭하여 이르는 말일 것이다.

일반적으로 약간의 내숭을 떠는 사람이 아니라 겉으로 보기에는 아주 얌전하고 근엄한 척 행세를 하여 처음 보는 사람들한테는 호감이 들도록 해놓고 뒤로는 온갖 못된 짓을 다하는 사람들 때문에 이와 같은 속담이 생겼으리라고 본다.

고양이가 부뚜막에 올라갈 정도의 비록 간단한 예를 들었

한 줄 속담의 여유

지만 이와 같은 현상의 일들을 무심히 지나치므로 점점 확대되어진다면 이 사회는 허세와 각종 사기꾼들이 판을 치는 불신의 사회로 빠져 혼탁 해질 수도 있음을 유의하여야 할 것이다.

지나온 어느 시기 어느 사회를 막론하고 그러한 현상이 있어 왔겠지만 특히 요즘과 같이 공동생활에 대한 양보나 배려하는 마음이 희박해지고 오로지 개인만의 영달과 편익을 위해 각종 권모술수가 난무할 때 일 수록 건전하고 명랑한 사회를 위한 관심과 노력이 있어야 할 것으로 본다.

*
表 겉 표 裏 속 리 不 아닐 부 同 같을 동
겉과 속이 다르다. 보통 겉으로 표현하는 것과 속마음이 다른 사람이나 행동을 지적할 때 사용되는 사자성어.

빈 수레가 더 요란하다

●

남들 보다 갖고 있는 식견이나 지식이 크게 뛰어나지 않으면서도 허세를 부리고 잘 아는 척하며 말이 많은 사람을 이르는 말이다.

빈 수레는 가벼워서 덜커덩 거리는 소리가 요란하지만 수레에 짐을 실으면 짐의 무게가 있어 소리가 빈 수레보다 덜 요란함을 비유해서 나타낸 속담이다.

이 말은 오래 전부터 내려오는 속담이겠지만 요즘과 같이 실속보다 허세가 기승을 부리는 경향이 더욱 심해지고 있는 세상이되다 보니 이 속담의 의미가 새롭게 느껴지고 있다.

실속도 없고 아는 것도 별로 없으면서 유별나게 목소리를 높이는 사람들을 보면서 냉소를 금할 수 없을 때가 종종 있다.

특히 국민들 앞에서 국민들을 편안하고 올바르게 이끌겠다고 각종 언론에 얼굴을 내보이려는 사람들 중에는 과연 그럴 만한 자질이나 능력을 갖추고 있는 사람이 몇이나 있을까 하는 생각에서 소리만 요란하고 실제로 실려 있는 짐이 없는 빈 수레가 떠오르기도 한다.

이와 연상되는 속담으로 '소문난 잔치에 먹을 것 없다' 또는 '벼는 익을수록 고개를 숙인다'는 말도 비슷한 뜻이나 의미를 지니고 있다고 볼 수 있겠다.

중국 고전인 '예기(禮記)'에는 학연후지부족(學然後知不足)이라는 '배우고 공부를 할수록 부족함을 느끼게 된다'는 말이 있는데 이 속담과 비교하며 삶의 자세를 가다듬어 볼 필요가 있을 것이라 생각된다.

메뚜기도 오뉴월이 한 철이다

●

메뚜기는 여름철에 논이나 밭에서 왕성하게 활동하다 가을에 접어들어 찬바람이 불기 시작하면 사라져 찾아보기 어려운 곤충이다.

옛날에는 음력을 주로 사용하였으니 음력으로 오월과 유월은 양력으로는 칠팔월경이 되어 한 여름을 상징하는 계절을 표현하는 말이다.

메뚜기와 같이 짧은 기간을 살아가는 곤충에게도 한 때의 전성기가 있듯이 아무리 어렵고 힘들게 세상을 살아가는 사람일지라도 언젠가는 한때 전성기를 갖게 된다는 뜻을 가진 속담이다.

세상을 살다 보면 운동선수들이나 연예인들처럼 한때 이름을 날리며 인기를 얻었던 사람들도 어느 한 시기가 지나면 뒤안길로 물러나 잠잠해지는 것을 자주 보게 되는데 이와 같이 세상일이란 언제까지나 변함없이 영원할 수가 없음을 새롭게 하는 말이다.

그러므로 잘 나갈 때 그 기회를 놓치지 말고 최대한 활용하여 큰 성과를 거둘 수 있도록 하는 지혜가 필요하다고 할 것이다.

세월은 멈추어주지 않아 그 전성기가 지나고 나면 아무리 발버둥을 치며 후회하거나 새롭게 노력을 해도 제반 여건이 따라주지 않는 것이 자연의 흐름과 순리로 흘러간 물이 되돌아와 물레방아를 돌릴 수 없는 자연 현상과 같다는 생각을 해본다.

한편으로 이와 같은 자연 이치에 따라 누구에게나 한번쯤은 전성기를 가질 수 있는 기회가 있을 것이니 지금 당장 일이 안 풀린다고 낙담하거나 절망하지 말고 찾아오는 기회를 놓치지 않는 지혜와 희망을 가져야 할 것이다.

낮말은 새가 듣고 밤 말은 쥐가 듣는다

●

아무리 비밀스럽게 하는 말이라도 남의 귀에 들어가기 마련이며 주변에 아무도 없는 것 같아도 어딘가 엿 듣는 사람이 있을수도 있으니 항상 말조심 하여야 한다는 격언의 말이다.

조심한다고 해도 말이란 새어나가기 마련이어서 비밀이 유지되기가 어렵다는 뜻으로 낮에는 새가 분주히 활동하고 밤에는 쥐들이 부산스럽게 움직이는 것을 비유해서 말조심을 강조하는 속담이다.

말이란 한번 입에서 나오면 다시 주워 담을 수가 없을 뿐 아니라 계속 꼬리를 물고 이어가며 말로써 또 다른 말을 만들어 크고 작은 관계로 연결되기 때문에 말을 신중히 하고 조심하여야 함은 너와 내가 없는 우리 모두의 일 이라고 생각된다.

옛날에는 새나 쥐로 비유했지만 요즘에는 새나 쥐보다 더 정확하고 예민한 CCTV나 블랙박스가 귀를 쫑긋하며 눈을 부릅뜨고 있어 옛날보다 모든 언행을 더욱 조심해야 한다는 우스갯소리가 나올 정도이니 예전같이 말 뿐만 아니라 행동도 함부로 해서는 안 될 것이다.

한 줄 속담의 여유

사실 아무도 모를 것이라고 생각하며 비밀스럽게 한 말이 새어나가 제 삼자가 알고 얘기하면 그처럼 황당하고 민망스러울 수가 없는 일이며 그렇게 한 말이 누구를 칭찬하거나 좋은 일을 찬양하는 말이 아니고 어느 특정인을 흉보며 비방하거나 남을 비난하는 말이었다면 그 민망함은 더욱 커지고 심지어는 서로 다투는 사회적 문제로 번질 수도 있으니 말조심하는 것은 어느 장소나 시대를 초월해 한계와 끝이 없다고 생각하여야 할 것이다.

눈 감으면 코 베어 갈 세상이다

●

세상 인심이 너무 각박하고 생존경쟁이 치열해서 정신을 바짝 차리고 생활하지 않으면 살아가기가 어렵다는 의미의 속담이다.

옛날에 인심이 훈훈하고 사회가 안정될 때는 집집마다 담장이 없거나 대문을 열어놓고 살아갈 정도의 미풍양속이 있었다고 한다.

그러나 사회가 산업화되고 도시화됨에 따라 사람들이 일정한 곳으로 집중화되면서 생존경쟁이 심해지고 인심이 야박해지다보니 조금이라도 다른 사람을 누르며 앞장서고 경쟁해서 이겨야 내가 살 수 있다는 초조하고 불안한 마음이 팽배해지는 세상으로 급속하게 변화되고 있다.

이렇게 거친 인심과 혼탁한 사회에서 살아남기 위해서는 그야말로 정신을 똑바로 차리고 자신도 모르게 억울한 일을 당하는 일이 없도록 긴장하고 지내야 한다는 뜻이 되겠다.

세상이 하루가 다르게 다양하고 복잡해지면서 가짜와 진짜 또는 거짓과 진실을 분별하기가 어려울 정도인가 하면 각종 허위광고나 감언이설로 다른 사람이나 사회를 속이려는 그릇

170

된 행태가 기승을 부리니 그야말로 눈 깜짝할 사이에 코가 없어질 정도의 험악한 요즘의 현실임을 알 수 있게 해주는 속담이라 생각된다.

일의 옳고 그름과 해야 할 것과 해서는 안 될 것을 따지고 가리기 이전에 남들을 음해하며 트집을 잡고 속이어서 자기 이익만 챙기려는 흔히 말하는 보이스피싱이나 사이비 종교와 같은 포장만 번드레한 일 들이 활개를 치는 세상이 되었다.

더우기 각종 선거 때만 되면 민주주의의 탈을 쓰고 오직 자신만이 최선의 적격자라는 위선적인 인격자들이 판을 치는 실정이니 어찌 두 눈 크게 뜨고 코를 지키지 않을 수 있겠는가.

주의와 긴장을 늦출수 없는 세상에 살고 있음을 명심해야겠다.

열 손가락 깨물어 안 아픈 손가락 없다

●

열 손가락 중에 깨물어서 아프지 않은 손가락 없듯이 자식이 여럿이라도 부모의 마음으로는 모두가 소중하고 귀한 자식들임을 비유적으로 이르는 속담이다.

우리나라에서는 자식을 사랑하는 부모의 마음을 나타내는 말이지만 중국에서는 손바닥이나 손등이나 똑같은 내 살이므로 어느 쪽에 상처가 나든 똑같이 아프다는 뜻에서 어느 한 쪽만을 선택하기가 어렵다는 말로 비유되기도 한다고 전해진다.

옛 부터 자식을 낳아 길러봐야 부모의 마음을 알 수 있다는 말이 있듯이 자식을 생각하는 부모의 마음은 비가 오나 눈이 오나 평생을 자식 걱정하며 살기 마련이다.

요즘은 자녀를 한둘 밖에 안 갖거나 심지어는 무자식이 상팔자라고 하나도 낳지 않으려는 경향이 있지만 불과 몇 십 년 전까지만 해도 사오남매의 자식을 두는 것은 보통이고 많게는 팔구 남매를 두는 집도 흔히 볼 수 있었다.

그럴 경우 부모는 그 많은 자식들을 낳아 기르면서 온갖 고생과 근심 걱정에 묻혀 살아야 하지만 그 자식들 중 누가 더

172

예쁘고 밉다고 가릴 수 없고 어느 자식 하나라도 소홀히 생각할 수 없는 똑같은 자식으로의 사랑과 정성을 다하여 길렀기에 이와 같은 속담이 생겼으리라고 본다.

물론 이 말은 부모의 입장에서 나온 말이고 자식 입장에서 본다면 여러 자식 중에서 자기만은 부모의 사랑을 더 많이 받고 싶어 하는 욕심도 가질 수 있을 테니 부모는 편애 없이 모든 자식에게 골고루 사랑과 관심을 갖고 공평하게 자녀들을 대해주어야 한다는 뜻으로 생각해 볼 수도 있을 것이다.

구슬이 서 말 이라도 꿰어야 보배다

●

아무리 훌륭하고 좋은 물건이라도 다듬고 손질해서 쓸모 있
게 만들어 놓아야 값어치가 있지, 그냥 방치한 상태로는 귀한
물건으로 대우 받을 수 없음을 비유적으로 이르는 말이다.

일반적으로 구슬이란 옥이나 보석 등을 갈아서 둥글게 만
든 것을 말하는데 낱개로는 많이 가지고 있더라도 제대로 된
구슬의 진가를 발휘하지 못하고 꿰어서 팔찌나 목걸이 등으
로 가공해야 보물의 기능을 다할 수 있다는 말이다.

물론 구슬 하나하나를 더 좋아하는 사람도 있겠지만 이 속
담을 처음 만들게 된 의도는 본래의 아름다움 보다 우리 인간
의 취향에 맞게 손질하고 정성껏 다듬어야 더 좋아질 수 있다
는 뜻으로 사용하였으리라 생각된다.

아무리 좋은 보검(寶劍)이라도 숫돌에 갈지 않으면 칼날이
무디어 지듯이 좋은 칼이라도, 칼 그 자체보다 사람의 정성과
손길이 닿아야 빛날 수 있다는 뜻과도 같은 말이다.

또한 아무리 공부를 많이 하고 풍부한 지식이나 기능을 보
유하고 있다 해도 다른 사람들이 알아 줄 수 있도록 표현하고
활용을 해야지 그렇지 않고 혼자만 가지고 있으면 안방샌님

한 줄 속담의 여유

이나 독불장군이라는 소리밖에 듣지 못할 것이다.

　그러니까 무엇이 옳고 바른 행동인지 알고 있다면 단순하게 생각으로만 끝내는 것이 아니라 직접 실천으로 그 올바른 생각의 진면목을 보여주어 남들이 확인하고 인정할 수 있도록 해야 할 것이다.

　모르면서 아는 척하는 것도 꼴불견이지만 확실하게 알고 있으면서도 모르는 척하며 자기의 지식을 모르는 사람들에게 베풀어 알리지 않는 것 또한 바람직한 일이 아니라고 생각한다.

서당 개 삼년에 풍월 읊는다

●

서당(書堂)에서는 항상 글 읽는 소리가 들리기 때문에 비록 짐승인 개라도 삼년 세월과 같이 오랜 기간 계속 글 읽는 소리를 들으면 배우고 익힐 수 있다는 뜻이다.

이는 어떤 분야에 대해 아무것도 아는 것이 없는 사람이라도 한 곳에 오래 있으면 어느 정도 경험에 의한 지식을 가질 수 있다는 말이다.

서당이란 요즘의 학교와 같은 곳으로 학생들이 글을 읽으며 공부하던 곳이고 풍월이란 맑은 바람과 밝은 달이란 말로 자연의 아름다움을 뜻하는 말이다.

따라서 풍월을 읊는다는 말은 자연의 아름다움을 느끼고 감상 할 수 있다는 뜻으로 보아야 할 것이다.

그러니까 아무것도 모르는 무식한 사람이라 할지라도 서당에서 글을 읽으며 공부하는 사람과 같이 유식한 사람과 오랜 기간 함께 어울려 생활하다 보면 자연히 견문이 넓어지게 될 수 있듯이 무슨 일을 하던 계속 반복해가며 보고 듣게 되면 언젠가는 그 일을 할 줄 알게 되는 때가 오게 된다는 뜻이 담겨 있는 말이다.

한 줄 속담의 여유

아무려면 개가 풍월(風月)*을 읊을 수야 없겠지만 무슨 일이든 나는 모른다고 처음부터 시작해보지도 않거나 비록 시작했더라도 몇 번 시도해보다 안되겠다고 포기하는 성격의 소유자들은 한 번쯤 되새겨 볼만한 속담이라 생각된다.

요즘은 각종의 교육제도가 체계적으로 잘 되어 있지만 옛날에는 어떤 지식이나 기술 등을 배울 수 있는 기회나 제도가 제대로 갖추어져 있지 않아 스승 밑에서 함께 생활하며 몇 년이고 반복하며 공부를 해야 했기에 이와 같은 속담이 생긴 것으로 본다.

*
風 바람 풍   月 달 월
맑은 바람과 밝은 달. 얻어들은 가벼운 지식을 뜻할 때 쓰이는 말이다

세 살 버릇이 여든 간다

●

어릴 때 몸에 밴 버릇은 나이가 들어도 쉽게 고쳐지지 않으니 어려서 나쁜 습관이 들지 않도록 하고 반면에 좋은 버릇은 어렸을 때부터 몸에 익숙해질 수 있도록 잘 가르쳐야 한다는 뜻을 지닌 말이다.

이 말은 어린이 본인들이 잘못된 버릇을 갖지 않도록 조심해야 한다는 교훈을 주기도 하지만 그에 못지않게 어른들이 더욱 잘 보살피고 가르쳐서 어린이들이 바르고 건전하게 자랄 수 있도록 하여야 한다는 기성세대의 책임을 강조하는 의미도 담겨 있다고 본다.

우리나라는 예로부터 지식이나 기능 못지않게 버릇이나 습관 또는 어린 시절 교육에 큰 비중을 두고 중요하게 생각해 왔다.

사실 버릇이란 오랜 기간 반복하여 몸에 익숙해진 행동이나 습관으로 일상생활에서 수시로 본의 아니게 나타낼 수 있는 무의식에 가까운 현상으로 볼 수 있기 때문에 어려서 잘못된 버릇은 오랜 세월을 살아가면서 그에 대한 대가나 비용이 따라야 함을 일깨워 주는 말이라고 볼 수 있다.

한 줄 속담의 여유

어렸을 때 젖을 물리며 엄마가 하는 말이나 밥상머리에서 할아버지 할머니가 들려주는 얘기들은 자라서 어른이 되고 나이가 들어도 잊혀 지지 않는 것과 같이 어려서의 교육이 일생에 미치는 영향과 비중이 대단하다는 인식을 새롭게 해주는 말이다.

그래서 심지어는 아직 세상에 태어나지도 않은 엄마의 뱃속에서부터 태교를 강조하기도 하는 것이 아닌가 하는 생각도 해본다.

요즘도 옛날같이 젖먹는 아기와 엄마의 눈빛을 마주하는 모유에 의한 육아방식이 재현된다면 부모를 경시하거나 존친을 학대하는 사회적 문제가 획기적으로 줄어들지 않을까하는 생각을 해 본다.

가랑비에 옷 젖는 줄 모른다

●

가랑비는 비 중에서도 아주 가늘게 내리는 비로, 비를 맞더라도 처음에는 옷이 젖는지 모를 수도 있기 때문에 굳이 우산을 필요로 하지 않을 정도로 대수롭지 않게 생각할 수 있다. 하지만 계속 맞으면 결국에는 옷이 젖게 된다는 사실을 부각시킴으로써 비록 사소한 일이라도 처음부터 철저하게 대처하여야 함을 새롭게 해주는 말이다.

이 속담은 아무리 작고 무시할 정도로 하찮은 것이라도 계속해서 거듭 반복되면 나중에는 걷잡을 수 없이 커져 피해를 볼 수 있다는 뜻이다.

특히 사행(射倖)*성 놀이에 열중해 세월 가는 줄 모르는 나쁜 습관으로 시간과 용돈을 낭비하는 청소년들을 타이르는데 이 속담을 쓸 수 있겠다.

우리가 일상생활을 하는데도 일정한 수입 없이 한푼 두푼 기존의 재산만 소비하다 보면 언제인가는 바닥이 나 빈털털이가 되듯이 조금씩 없어지는 줄 모르게 재산이 줄어들 때도 이 말을 쓸 수 있을 것이다.

얼마 안 되는 씀씀이나 잘 드러나지 않는 지출 때문에 나중

한 줄 속담의 여유

에 예상치 못하는 큰일을 초래하게 될 수 있으니 아무리 사소한 일이라도 소홀히 생각해서는 안 된다는 경고성 속담이라고 볼 수 있겠다.

대부분의 사람들은 누구나 비록 바르다고 생각되지 않는 일이라도 처음에 이 정도는 괜찮겠지 하는 마음을 갖게 되는데, 그런 마음을 어느 정도에서 절제하거나 그 지나침을 자각하고 멈추는 것은 각자의 정신적 수양이나 자신의 행동을 자제할 수 있는 노력 여하에 따라 달라질 수 있을 것이다.

옳지 않거나 잘 못되는 일이라고 판단이 확실해지면 처음부터 발 붙일 여지를 두지않는 현명함을 갖는 생활 자세는 매우 슬기롭고 바람직한 삶이라고 할 수 있겠다.

*
射 쏠 사   倖 요행 행
우연히 이익을 얻으려 함

사공이 많으면 배가 산으로 올라 간다

●

누군가 주관하거나 조절 및 통제 되는 일 없이 여러 사람이 각자 자기주장만 내세우면 제대로 결론을 맺거나 일이 성사되기 어려움을 비유적으로 나타내는 속담이다.

그러니까 배를 모는데 여러 사공이 저마다 자기 생각대로만 배를 몰려고 하면, 배는 정해진 물길로 가지 못하고 산으로 올라갈 수도 있다는 뜻으로 지시하거나 간섭하는 사람이 많으면 어떤 일이 던 잘 추진되기 어려울 수밖에 없음을 뜻하는 말이다.

이 말과 비유되는 사자성어로 축실도모(築室道謀)＊ 또는 도모시용(道謀是用)이라는 말이 있는데, 집을 짓는 데 길 가는 행인과 상의한다는 뜻으로 지나가는 사람마다 생각이나 말이 다르므로 누구 말을 들어야 할지 몰라 결국 좋은 집을 지을 수 없듯이 어떤 일을 하는데 일정한 주관이나 사전 계획이 충분하지 못한 경우를 일컫는 말이다.

이 속담은 서로 다른 의견이 많은데 각자가 자기 의견이 옳다고만 주장하여 결정을 내리기 어려울 때 쓰는 말로 여러 사람의 의견이 서로 다르게 나오더라도 그 중에서 적합하고 합

　　　　　　　　　　　　　　한 줄 속담의 여유

리적인 점을 찾아 절충하며 통일된 의견으로 집약 시킬 수 있도록 서로 협력하고 조정할 수 있는 민주적 자세가 필요함을 강조하는 말로 이해하면 좋을 것 같다.

여러 사람의 의견과 지혜를 모아서 하나의 통일된 방안으로 집약하면 어느 한두 사람의 생각보다는 분명히 더 바람직하고 좋은 결론이 나올 수 있을 것이나 융합된 결과를 얻지 못하면 오히려 혼란스러움만 더하는 중구난방(衆口難防)이 될 것이다.

지난 날의 전제 정치나 군주정권의 특정권력에 의한 핍박과 고통에서 벗어나려는 많은 시간과 희생을 거치며 이루어 낸 소위 오늘날의 민주주의가 많은 백성들의 의견에 의한 최선의 방안을 도출함으로서 백성을 위하여 백성에 의한 정치를 할 수 있다는데서 그 장점을 찾을 수 있다는 것과 같은 논리로 생각할 수 있겠다.

호미로 막을 일을 가래로 막는다

●

일이 커지기 전에 일찍 처리하였으면 쉽게 해결되었을 것을 이리저리 미루며 방치하다가 나중에 큰 힘을 들이게 되는 경우를 비유적으로 이르는 말이다.

호미란 논이나 밭에서 풀을 제거하는 즉 김을 매거나 모종할 때 쓰는 조그만 농기구이고 가래란 흙을 떠서 옮기는데 주로 사용되는 삽과 비슷하게 생긴 호미 보다 훨씬 크며 보통 세 사람이 함께 힘을 합쳐야 제 기능을 다 할 수 있는 농기구를 말한다.

그러니까 조그만 호미로 충분히 할 수 있는 일을 바로 처리하지 않아 커다란 가래를 사용해야 할 정도로 일이 커졌다는 뜻이다.

좀 더 알기 쉽게 말을하자면 처음에는 혼자서도 너끈히 해결할 수 있는 일이라도 가볍게 생각하고 뒤로 미루다가 일이 커져서 두 사람이나 세 사람 아니면 더 많은 사람의 힘이 필요하게 될 정도로 일이 확대된 경우를 이르는 속담이다.

이 말은 특히 몸이 아플 때 많이 비유해서 사용되는데 처음에 간단히 치료할 수 있었던 감기 증세라도 바로 치료하지 않

한 줄 속담의 여유

고 그냥 넘기거나 미루다 폐렴이나 기관지염, 더 나아가서는 치료조차 어려운 중병으로 번지는 경우를 종종 볼 수 있다.

이와 같이 어떤 일이던 문제의 발단이 될 수 있는 일은 아예 처음부터 그 싹을 없애 버리거나 초기단계에서 해결하는 것이 큰일을 막을 수 있는 지름길이 될 것이다.

우리 주변의 모든 일에 흔하게 사용될 수 있는 말로 그 만큼 생활과 밀착된 속담이라고 할 수 있겠다.

원숭이도 나무에서 떨어진다

●

어떤 일을 아무리 능숙하게 잘하는 사람이라도 더러는 실수할 때가 있음을 나무 잘 타는 원숭이에 비유해서 표현한 속담이다.

사람은 누구나 예상할 수 없는 실수를 할 수 있기 때문에 일상적으로 하던 일이나 자신만만하다고 장담하던 일이라도 간혹 실수할 수 있기 마련이다.

그러므로 아무리 여러 번 해봤던 일이라도 자만하지 말고 겸손한 자세로 최선을 다 하여야 할 것이다.

커다란 고양이가 비록 작은 생쥐 한 마리를 잡더라도 쥐를 덮치는 순간만은 고양이로써의 최선과 혼신의 힘을 다 한다는 말이 있다.

그렇게 나무를 잘 오르내리는 원숭이도 어쩌다 나무에서 떨어질 때가 있다는 것은 세상만사가 처음부터 완벽하지 못하고 어디엔가 조금은 부족한 점이 있기 때문일 것이다.

그래서 결코 무너지지 않을 것으로 믿는 돌다리도 굴러보며 건너라고 하지 않던가.

천려일실(千慮一失)*이라는 말이 있는데 아무리 지혜롭다

한 줄 속담의 여유

하더라도 생각을 많이 하다보면 한 번쯤은 실수할 수가 있다는 뜻인바 천 가지 생각 가운데 한 가지 실책이라는 말로 바로 원숭이도 나무에서 떨어질 수 있다는 말과 일맥상통한다고 본다.

그러니까 어떤 일이든 처음 시작할 때는 물론 일상생활에 있어 매사에 천천히 검토하며 다시 한 번 더 점검하고 확인한다는 마음을 갖고 신중히 처신함은 조그만 실수도 미리 예방할 수 있는 바람직한 자세라고 할 수 있을 것이다.

굳건하고 튼실한 돌다리도 행여 무너질까 걱정하는 마음으로 굴러보며 건너는 생활자세는 자신의 운전실력만 믿고 지나치게 난폭운전하다 발생시키는 교통사로를 확실하게 감소시킬 것이라는 연상을 갖게 해 준다.

*
千 일 천 慮 생각할 려 ― 한 일 失 잃을 실

고래 싸움에 새우등 터진다

●

고래처럼 힘세고 강한 사람끼리 싸우는데 아무 관련도 없는 새우같이 작고 약한 사람이 중간에 끼어 피해를 입게 된다는 뜻의 속담이다.

세상을 살다보면 우연이던 아니면 의식적으로든 남의 일에 끼어 난처한 입장이 되는 경우를 종종 경험하게 된다.

이런 일은 개인 간의 사사로운 일도 있지만 국제적으로 나라와 나라 사이의 중간에서 어정쩡한 입장으로 수난을 겪기도 하는데 이런 경우 강대국과 강대국이 대립하는 사이에 힘없는 약소국이 끼게 되면 겪어야 하는 부담과 수모가 의외로 크다는 것을 우리의 역사를 통해 알 수 있는 일이다.

특히 대륙과 대양 및 동양과 서양의 중간에 위치한 우리나라는 과거 명나라와 청나라 사이나 중국과 일본 또는 미국과 러시아 등 큰 나라 사이에서 그야말로 고래와 같이 큰 세력들의 대립과 다툼을 보면서 그 가운데 새우처럼 힘없고 약한 나라의 설움을 수없이 겪어야 했던 지난날의 역사를 결코 가볍게 지나칠 수 없는 일이라 하겠다.

그래서 온갖 노력을 다해 힘을 기르고 나라를 부강하게 하여 외세의 간섭과 탄압에서 벗어나려고 전력을 다하고 있음은 우리 스스로 경험하며 느끼고 있는 일이다.

물론 사사로운 일에서도 보다 더 열심히 노력하고 정진하여 본의 아니게 주변의 힘센 자들로부터 억눌리거나 피해를 보는 일이 없도록 스스로 힘을 길러야 할 것이다.

자강불식(自強不息)*이란 말처럼 스스로 힘써 자신을 가다듬고 강해지도록 쉬지 않고 노력하는 정신적 무장을 늦춰서는 않될 것이다.

근래에 우리의 경제가 비약적으로 발전하여 풍요로운 사회를 이루고 있지만 반면에 너무 자만해지고 일하는 것보다 놀고 즐기는데 지나치게 치중코자 하는 경향이 생기는데 결코 바람직한 현상으로만 볼 수는 없는 일이다.

더욱이 세계경제나 국제 사회가 불확실한 점을 감안할 때 언제 다시 어려운 일이 닥쳐 올지 예상할 수 없는 앞날을 생각하고 각 분야에서의 경계나 긴장을 가볍게 여기는 일이 없도록 지혜로움을 갖어야 할 것으로 본다.

*
自 스스로 자 強 강할 강 不 아니 불 息 쉴 식

개천에서 용 난다

●

용은 매우 상서로운 재주와 능력을 가진 상상의 동물로 동양
에서는 옛 부터 천자나 군왕에 비유하는데 아주 열악한 환경
에서도 이루어 내기 힘든 업적을 이루거나 사회적으로 높은
지위에 오르고 많은 재산을 모아 크게 성공하는 경우에 비유
하여 쓸 수 있는 말이다.

그러니까 세상 물정이 어둡고 열악한 환경과 어려운 여건
의 시골이나 크게 내세울 만 한 것 없는 변변치 못한 집안에
서도 큰 인물이 나올 수 있다는 의미로 예시되는 말이다.

요즘은 대부분의 모든 일들이 평등화되고, 교통과 통신의
급격한 발달로 도시와 시골 또는 각 계층이나 교육의 기회 등
그 격차를 지난날 보다 많이 좁히고 있다고 할 수 있겠다.

그러나 불과 몇 십 년 전까지만 해도 전기가 들어오지 않아
등잔불 밑에서 공부해야 하는 시골 벽지도 많았고 서울을 비
롯한 도시의 소식을 쉽게 알 수 없을 정도로 각종 정보가 원
활치 못한 실정이었다.

어려운 여건과 변변치 못한 집안에서 태어나 그야말로 낮
에는 논밭에 나가 일을 하면서도 밤잠을 안 자며 공부를 해서

한 줄 속담의 여유

사회적으로 큰일을 이루고 이름을 떨치는 사람들이 있었다.

이런 경우처럼 가난하고 변변하지 못했던 지난날과 화려하게 성공한 현실을 비교하며 비록 어렵고 보잘 것 없는 위치에서라도 고난을 무릅쓰고 열심히 노력하면 개천에서 용이 나오듯 밝은 앞날이 올 수 있다는 희망과 용기를 갖게 하는 뜻에서 나온 속담이라고 본다.

큰 강이나 호수처럼 물도 많지 않고 주변여건이나 환경도 수려하지 않은 시냇물에서 신비하고도 화려한 용과 같은 상상의 동물이 출현할 수 있다는 것은 그 뒤에 숨어 있는 불우한 환경이나 여건과 그러한 어려움을 극복하기 위한 피나는 노력을 연상토록 해주는 속담이라 하겠다.

양지가 음지 되고 음지가 양지 된다

●

우주의 천체만상은 한 순간도 멈추지 않고 돌거나 운동 하도
록 되어있어 모든 일은 변하고 뒤바뀌게 마련이라 어느 것 하
나라도 영원 할 수 가 없다는 뜻의 속담이다.

그러니까 소위 운이 나쁘다고 하는 사람도 좋은 일을 만날
수 있고 운이 좋다고 거드름을 피우며 만족스러워 하는 사람
도 항상 좋기만 한 것이 아니라 때로는 어려운 시기를 만나게
될 수도 있다는 말로 세상일은 늘 돌고 돌며 변하는 것이니
당장 눈앞에 닥치는 일만 가지고 너무 실망하거나 교만해하
지 말라는 교훈적인 말이다.

여기서 말하는 음지란 어둡고 그늘진 곳, 즉 어려운 시기를
말하며 반면 양지는 밝은 곳, 즉 축복 받을 수 있는 좋은 일
들이 생길 수 있는 여건이 갖추어지는 것을 말하는 것으로 어
두운 밤이 있으면 밝은 태양이 세상을 밝히는 아침이 있고 또
밝은 시간이 있으면 다시 어두움으로 바뀌는 때도 있듯이 세
상은 항상 변하고 있음을 의미한다.*

참고로 동양철학의 기초가 되는 주역(周易)에서는 세상일
은 모두가 두루두루 바뀌어 변하고 있는데 굳이 변하지 않는

한 줄 속담의 여유

사실 하나를 찾는다면 '세상에 변하고 바뀌지 않는 것은 없다'는 억설(臆說)**과도 같은 진리일 뿐이라고 전하다.

그러니 이러한 말을 거울삼아 오늘 당장 우리에게 닥치는 희비에 너무 집착하거나 매달리지 말고 보다 멀리 앞날을 생각하며 의연하게 살 수 있는 마음의 여유가 필요하다고 본다.

옛부터 세상에 열흘 붉은 꽃 없고 달도 차면 기운다는 말이 그냥 생긴것이 아니고 만세에 변하지 않는 자연의 진리를 확실하면서도 알기 쉽게 표현된 말임을 새삼느끼게 한다

*
陰地轉 陽地變; 음지전 양지변

**
臆 가슴 억 說 말쓸 설
터무니 없이 억지로 하는 것 같은 말

시작이 반이다

●

어떤 일이던 처음 시작하는 것이 어렵지 일단 시작하고 나면 그 일의 반은 이룬 것과 같이 시작하기가 어려움을 나타내는 속담이다.

누구나 어떤 일을 계획하고 시작할 때는 그 일의 결과에 따르는 성공과 실패를 가늠해가며 망설이고 주저하느라 일의 시작에 심혈을 기울이게 되므로 일의 착수가 어렵고 그렇게 힘들게 시작하고 나서는 계속 진행하게 되므로 일단 시작을 하면 일의 반은 이룬 것과 같다는 뜻이다. 세상의 모든 일은 일단 시작을 하고 나면 반드시 끝이 있기 마련이다.

그 일이 비록 중도에서 미완성으로 끝이 나던, 아니면 완전히 성공적으로 끝맺음을 하던 시작에 대한 결과가 있게 되는데 분명한 것은 시작이 없으면 성공도 실패도 있을 수 없으니 처음 시작하는 용기가 매우 중요한 역할을 하게 된다는 점이다.

그러므로 사전에 충분한 검토와 확신으로 시작하는 용기를 가져야 하며 또한 일단 시작한 일은 여러 가지 난관과 장애를 극복해가며 추진하는 끈기와 인내가 있어야 성공적인 결과를

한 줄 속담의 여유

기대할 수 있는 것이다.

단순히 꿈만 갖고, 그 꿈을 이루기 위한 실천을 하지 못하며 망설이기만 하는 사람은 결코 성공의 단맛을 누릴 수 없을 것이니 힘들고 어렵다고만 하지 말고 계획하는 일이 있다면 일단 시작하고 보아야 할 것이다.

시작해 보지도 않고 어려움을 말하거나 실패했을 경우의 걱정을 앞세우는 사람한테는 성공의 결과를 맛볼 수 있는 확률이 전혀없을 뿐아니라 어떠한 발전의 기대도 갖을 수 없을 것이다,

가만히 있으면 중간이나 간다

●

잠자코 있으면 남들이 자기가 아는지 모르는지 알 수 없기 때문에 중간은 되지만 모르는 것을 애써 아는 척 하다가는 모르고 있다는 무식이 탄로 나게 되니 안 해도 될 말을 굳이 해서 속 보이는 짓을 할 필요가 없다는 뜻을 지닌 속담이다.

누구나 솔직하고 정직해야 한다는 것은 인간이 갖는 기본적 덕목으로 신의와 성실한 사회를 만드는 근본이 될 것이라 믿는다.

그러나 요즘 사회일부에서는 모르면 모른다고 떳떳하게 말할 수 있는 용기를 움츠러뜨리게 하는 분위기가 흔해서 모른다고 말하기가 부끄럽게 생각되는 경우도 있겠으나 그럴 경우 차라리 가만히 있는 것이 솔직하지 못하게 아는 척하는 것보다는 낫다는 말이 되겠다.

잘 알지도 못하며 경망스럽게 끼어들어 아는 체하며 쉽게 말을 함부로 하면 자칫 긁어 부스럼을 만들게 되니 말과 행동을 신중히 해야 할 것이다.

특히 어떤 모임이나 단체 등에서 아직 확실한 결론이 나지 않은 문제에 대해 미리 예단하며 성급하게 아는 체 했다가 결

196

과가 뒤집혀서 주변의 비웃음을 사거나 무렴이나 봉변을 당하는 사람을 흔히 볼 수 있다.

　일상생활을 하다보면 더러는 무엇인가 좋은 결과를 얻기 위해 어떤 일을 시도 해보는 때가 있는데 오히려 하기 전보다 더 나쁜 결과를 초래하게 되어 차라리 가만히 있을 것을 괜스레 일을 시작해 더 불리하고 난처한 입장이 되었다는 말을 하게 될 경우 이 속담이 떠오르게 될 것이다.

말 타면 종 부리고 싶다

●

사람의 욕심이란 끝이 없음을 빗대어 하는 말로 '말 타면 경마 잡히고 싶다' 라고도 한다.

인간의 본성인 욕심은 배가 고플 땐 허기를 면하기 위해 찬밥, 더운밥 가리지 않고 배를 불리는데 열중하지만 일단 배가 부르고 나면 더욱 맛있고 기름진 음식을 찾으며 좀 더 여유로운 생활을 하고 싶고 무엇인가 더 좋고 많은 것을 갖고 싶어 하기 마련이다.

그러니 말을 타면 종을 부리며 더욱 편하게 위세를 부리며 지내고 싶어 하는 마음은 인간의 욕구상 어쩔 수 없다고 할 수 있지만 그 도가 지나치면 오히려 화를 부르게 되기 때문에 자기 분수와 정도 맞게 살아야 한다는 뜻에서 생긴 속담이라고 할 것이다.

누구나 앞날에 대한 꿈과 욕심이 없으면 발전할 수 있는 계기를 얻지 못할 것이므로 모든 욕망을 버리고 현실에 만족하고 안주하는 것은 결코 바람직하지 못하겠지만 그렇다고 자기의 처지나 분수를 모르고 지나친 욕심만 부리면 오히려 해가 될 수도 있을 것이다.

한 줄 속담의 여유

만족 할 줄을 모르는 사람은 행복 또한 느낄 수 없을 것이니 자기 자신에 맞는 욕심과 절제가 필요하다고 보아야 할 것으로 생각된다.

요즘의 사회가 매우 혼란스럽고 무질서와 각종 범죄가 난무하는 것도 사람들의 지나친 욕심과 자기 자신의 능력과 분수를 벗어난 성취 및 소유욕이 과도하기 때문일 것이다.

지난 날 다리 아프게 걷던 때를 생각해서 비록 경마잡이 없이 말을 타더라도 고맙고 감사할 줄 아는 마음을 갖고 세상을 살아간다면 훨씬 밝고 안정된 사회가 될 것이다.

개구리가 올챙이 시절을 잊었다는 말과도 연관이 있는 속담이라 하겠다.

귀에 걸면 귀걸이 코에 걸면 코걸이

●

같은 물건을 귀에다 걸고 귀걸이라 하거나 코에다 걸고 코걸이라고 하듯이 어떤 사실을 이렇게도 혹은 저렇게도 해석하며 일정한 원칙을 두지 않고 그 보는 관점이나 편의에 따라 다르게 풀이하며 처해있는 현실을 호도하는 떳떳하고 분명치 못한 처신을 비유적으로 이르는 속담이라 하겠다.*

흔히들 법이란 귀에 걸면 귀걸이 코에 걸면 코걸이라는 생각을 갖고 자신이 잘못을 저질러 놓고도 교묘히 자신에게 유리한 쪽으로 해석하면서 변명하거나 억지 쓰는 사람들을 언론 등을 통해 자주 볼 수 있다.

그러나 분명히 귀와 코는 다르기 때문에 그에 따른 장신구도 각각 달라야 하겠지만 그 기준을 확실히 하지 않고 자기에게 편리한대로 둘러대며 억지 쓰는 애매모호한 현상 때문에 생긴 말이라고 본다.

사회생활을 하면서 어떤 문제에 대한 확실한 지식이나 뚜렷한 소신과 근거가 없이 주변의 눈치나 보며 적당히 얼버무려 넘기려고 하는 사람들을 흔히 볼 수 있는데 그냥 좋은 게 좋다는 식으로 넘길 수도 있겠으나 그러다가는 뒷날에 화근

한 줄 속담의 여유

이 될 수도 있음을 잊지 말아야 할 것이다.

더욱이 요즘과 같이 복잡한 사회에서는 모든 일을 분명하고 확실하게 처리하는 습관을 가져야 할 것이며 특히 법률관계가 수반되는 일에 대하여는 그 내용을 상세하게 파악하여 그 문제로 인한 후환이 따르지 않도록 주의를 다하여야 할 것이다.

그러기 위해서는 평소에 깊은 지식과 세심하고 분명하게 사리를 파악하고 인지하는 노력이 뒤따라야 할 것으로 본다.

＊
耳懸鈴 鼻懸鈴; 이현령 비현령
耳 귀 이 鼻 코 비 懸 걸 현 鈴 방울 령

하늘은 스스로 돕는 자를 돕는다

●

하늘은 스스로 노력하는 사람을 성공하게 만든다는 뜻으로 어떤 일을 이루기 위해서는 자기 자신의 노력 없이 이루어 질 수 없음을 이르는 속담이다.

여기서 스스로 노력한다는 것은 자신이 목적 한 바를 성취하려고 착실하게 순리와 주어진 여건에 따라 최선을 다 하는 적극적 의미로 자기가 하여야 할 일을 하늘의 뜻에만 맡기고 따르겠다는 운명적이고 소극적인 자세와 대조되는 말 이라고 보아야 할 것이다.

그러니까 세상을 살아가는데 각자의 양심과 사회 규범에 맞게 모두가 공감할 수 있는 올바른 삶의 자세로 자신의 마음을 가다듬고 노력하게 하기 위한 격언이라고 생각한다.

역설적으로 말해서 내가 할 일은 시작도 안하고 남의 도움만 바라며 정상적인 사회규범이나 보편적 질서를 역행하는 등 정성스런 삶에서 벗어난 자들은 어떠한 성과도 거둘 수 없다는 교훈적 의미를 담고 있는 말이다.

자기 스스로를 돕는다는 말은 열심히 공부하고 정진하며 끊임없는 노력으로 새로운 지혜와 세계를 갈망하는 생활 자세인 바, 그런 사람은 천지자연은 물론 온 세상 모두가 도와줄 것이라는 확신과 신념을 갖도록 하는 뜻이 있다고 할 것이다.

그러나 현실은 자기는 노력하지 않고 다른 사람이 흘린 피와 땀의 대가를 탐내며 불로 소득과 비정상적 지름길만 노리는 사람들과도 함께 살도록 되어있다.

각종 혼란과 무질서한 세력들이 오히려 큰 소리를 내는가 하면 선량하게 살고자 하는 대부분의 사람들을 실망하거나 좌절시키는 경우도 있어 매우 안타까운 일인 바, 이 또한 우리 스스로가 개선하고 극복하여야 할 과제임을 강조하는 뜻도 있다고 보아야 할 것이다.

공든 탑이 무너지랴

●

정성과 온힘을 다하여 어렵게 이룬 일은 결코 쉽게 와해되거
나 헛되이 소멸되지 않으며 반드시 그렇게 노력한 결과와 보
람이 있다는 뜻을 비유한 말이다.

그러니까 언제 어디에서 무슨 일을 하던 적당히 얼렁뚱땅
하지 말고 비록 작은 일이라도 최선을 다 해야 후회가 없고
좋은 결과를 얻을 수 있다는 교훈을 주는 속담이다.

대체적으로 우리나라 사람들 의식 일부에 그냥 적당하게
대충대충하려는 경향이 있어 뒷날 큰 재앙으로 연결되는 지
난날의 처참했던 일들을 우리는 잊지 않고 있다.

가까운 예로 1970년대 와우아파트 붕괴나 1990년대 성수
대교 붕괴 및 2014년의 세월호 침몰사고 등 각종 크고 작은
사고로 인한 아픈 과거를 소홀히 지나쳐서는 안 될 것이다.

비단 그와 같은 큰 사건에서 뿐만 아니라 학생들이 시험장
에서 문제 하나를 풀이하는 것부터 일상생활의 모든 일에 지
금 이 순간이 최고의 마지막 기회라는 마음으로 최선의 정성
과 노력을 다하는 습관을 갖는다는 것은 사람이 한 평생을 살
아가는데 성패를 좌우하는 매우 중요한 삶의 자세라고 할 것

이다.

　우리 주변의 사찰 등에서 흔히 볼 수 있는 탑은 대부분 불교문화의 유산으로 부처님을 생각하는 올 곧은 마음에서 다루기 힘든 돌을 재료로 하여 불심을 담은 석공의 심혈과 땀에 의해 이루어지는 망치질 하나하나가 수없이 반복되어 조성되었기 때문에 그 땀의 대가가 결코 헛되지 않고 오랜 세월의 비바람을 견디고 있음을 거울삼도록 하는 속담이라고 생각된다.

四部

해학의 한 줄

부처님 가운데 토막 같다

●

성품이 온화하고 원만해서 희로애락의 감정에 쉽게 흔들리지 않는 사람을 비유해서 일컫는 말이다.

부처님은 가장 성스럽고 인자하고 자비스러움의 상징적 의미를 지니고 있다. 물론 토막이라는 어구가 부처님의 이미지와 다소 거리감을 느낄 수도 있지만 속담의 대중화를 위한 표현으로 이해할 수 있으리라 생각된다.

그러한 부처님 중에서도 중심이 되는 가운데를 지칭하는 것은 그야말로 거짓이나 꾸밈이 없이 순수하고 착하며 온화한 마음의 지극함을 일컫는 말로 받아들여야 할 것이다.

요즘 사회는 각종 경쟁을 앞세워 온갖 모략과 권모술수*가 난무하고 있어 궂은일이나 격한 감정에서 초연해진다는 것이 매우 어려운 일이기 때문에 이와 같은 속담이 갖는 의미가 더욱 크다고 본다.

그러니까 일반적으로 심성이 착하고 각종비리와 부정을 멀리하는 바르고 원만한 사람을 "부처님 가운데 토막 같아 법 없이도 살아갈 사람"이라고 하는데 이 말을 측면으로 해석하면 무골호인(無骨好人)이나 우유부단**한 성격의 소유자로 볼 수도 있지만 심지(心志)가 곧고 주관이 뚜렷하면서도 매사를 원만하고 온유하게 처리하는 좋은 사람의 의미가 강하다고 보아야 할 것이다.

우리 주변에서 대체적으로 마음이 온순하고 양심이 바른 사람을 일컫는 말로 비록 불교 뿐 아니라 다른 모든 종교에서도 궁극적으로 구현하고자 하는 인간상이라 할 것이다.

어질고 착하게 사랑과 자비로운 마음으로 서로를 이해하고 배려하는 생활을 앞세워 현세의 고통에서 벗어나려는 노력의 일환으로 바르고 명랑한 사회가 이루어지길 바라는 마음에서 나온 속담이라 할 것이다.

*
權 저울 권 謀 꾀할 모 術 꾀 술 數 셀 수
; 목적 달성을 위해 수단과 방법을 가리지 않는다

**
優 넉넉할 우 柔 부드러울 유 不 아닐 부 斷 끊을 단
; 결정을 못하고 우물쭈물하는 것을 뜻하는 사자성어

개구리 올챙이 적 생각 못한다

●

개구리가 올챙이 시절의 일을 잊고 있다는 말로 발전된 현재에 비해 매우 뒤떨어진 과거의 일을 잊거나 형편과 사정이 전보다 좋아진 사람이 그 전에 고생하던 때의 일을 생각하지 않고 처음부터 잘 나고 좋았던 것처럼 교만스럽게 뽐내는 사람을 꼬집어 이르는 속담이다.

개구리 알에서 갓 깨어난 올챙이는 검고 둥글며 긴 꼬리가 있다가 뒷다리가 나오면서 점점 꼬리가 짧아지고 앞다리가 나올 때 쯤 되면 꼬리와 아가미가 없어지면서 완전히 다른 모양의 개구리로 변하는데 그렇게 된 개구리는 자신의 올챙이 시절 기억을 하지 못하고 올챙이를 보면 서슴없이 잡아먹는다고 알려져 있다.

세상에는 처음부터 금 수저로 태어나거나 운 좋게 한 번에 성공하는 사람은 흔하지 않은 일이고 대부분 어렵고 힘든 과정을 거치며 열심히 노력해서 성공하게 되는데 막상 성공을 하고 난 뒤에는 지난날의 어렵고 힘들었던 시절을 잊어버리고 처음부터 그랬던 것처럼 교만해지거나 거들먹거리며 다른 사람들을 멸시하고 함부로 행동하는 사람들이 많기 때문에

한 줄 속담의 여유

이를 비유해서 나온 속담이라고 본다.

　사회적으로 성공을 했거나 돈을 모아 부자가 된 사람일수록 과거 어렵게 고생하던 시절을 망각하지 말고 겸손하게 어려운 사람들의 입장이나 처지를 이해할 수 있는 인정과 너그러움을 견지하도록 하는 것은 우리 사회를 밝게 만드는 바람직한 삶의 자세일 것이다.

가지 많은 나무 바람 잘 날 없다

●

가지가 많고 잎이 무성한 나무는 바람이 조금만 불어도 어느 한 가지나 잎이 흔들려서 바람에 흔들리지 않고 조용히 넘어가는 날이 없다는 뜻으로 자식을 많이 둔 부모는 자식을 위한 걱정이 많아 편한 날이 없음을 비유적으로 이르는 속담이다.

그러니까 가지(枝)*는 자식을 나무줄기(幹)**는 어버이로 비유해서 표현된 말이라고 보아야 할 것이다.

요즘은 결혼이나 출산이 당사자들의 희망이나 선택에 의해서 이루어지지만 불과 몇 십 년 전 까지만 해도 일정한 나이가 되면 으레 결혼을 해야 하고 또 결혼을 하면 당연히 자식을 낳아야 하는 것이 사회적으로 관습화되어 누구나 자식을 낳고 종족 보전의 의무를 이행하며 살아야만 하는 것으로 알고 있었다.

더욱이 출산은 자연 현상이고 인위적 조절이 불가능하다고 생각해서 사오남매는 보통이고 많게는 팔구남매를 낳는 집도 적지 않았다.

그렇게 많은 자식들을 낳아 기르고 성사 시키려면 그 부모들의 육체적인 고통은 물론 한날한시도 근심걱정이 떨어질 때가 없이 어느 자식이 나가서 무슨 짓을 하고 다니는지 그야말로 노심초사의 연속으로 마음 편할 날이 없었을 것이다.

그렇게 때문에 옛날부터 부모의 고생과 은혜를 모르는 사람은 인간으로 대우하지 않았을 뿐 아니라 부모에 대한 효도를 인간으로써 지녀야 할 가장 기본적이고 큰 덕목으로 취급해오고 있었다고 생각한다.

*

枝 가지 지

**

幹 줄기 간

열 번 찍어 안 넘어가는 나무 없다

●

어려운 일이라도 노력하면 못 이룰게 없으니 어렵다고 회피하거나 중간에서 포기하지 말고 끝까지 노력하여야 함을 강조하는 속담이다.

아무리 큰 나무도 도끼로 계속 찍다보면 넘어가듯이 안 될 것 같던 일도 여러 번 되풀이하고 반복하여 시도하면 결국에는 이루어진다는 뜻으로 포기하지 말고 노력해야 한다는 뜻이 담긴 말이다.

사람이 어떤 목표를 세우고 추진함에 있어 처음 몇 번 시도해 보다 이루어지지 않으면 대부분은 도저히 가망이 없다고 중도에서 포기하지만 이 고비를 힘겹게 넘기고 나면 의외로 쉽게 풀리는 경우를 종종 보게 된다.

그러므로 세상을 살아가면서 온갖 장애나 힘겨운 고난이 닥치더라도 굳센 의지와 용기를 잃지 말고 끈기 있게 밀고 나가면 성공할 수 있다는 신념을 갖게 해주는 말이다.

그래서 조선 중기 시인 '양사언'*은 태산이 아무리 높아도 하늘 아래에 있는 산이므로 결코 못 오를 산이 아닌데 사람들이 높은 산이라서 오를 수 없는 산이라고 미리부터 포기한다

한 줄 속담의 여유

는 내용의 시조로 의지와 끈기가 부족한 인간들의 나약함을
지적하지 않았던가.

　그러니 청운의 꿈을 품은 젊은이들은 이 속담을 가슴 깊이
새기고 넘어져도 다시 일어서는 오뚜기처럼 도전하고 추진하
는 용기와 노력의 정신을 굳게 가져야 할 것이다.

＊
양사언(楊士彦)
조선중기의 서예가로 시에도 능함

백지장도 맞들면 낫다

●

아무리 쉽고 간단한 일이라도 서로 협력해서 함께 하면 더욱 효과적이고 쉽게 이루어짐을 이르는 속담이다.

입으로 훅 불어도 날아갈 정도의 가벼운 종이 한 장이라도 혼자 보다는 둘의 힘을 합하면 더욱 가볍게 들 수 있다는 뜻으로 여러 사람이 협조하면 어려운 일도 의외로 쉽게 해결할 수 있음을 강조하는 말이다.

인간 사회는 처음부터 서로 협력하고 도우며 더불어 살도록 마련되었기에 살아가면서 어떤 장애물이 막혀 혼자서 도저히 해결이 안 된다고 생각되는 일도 다른 사람들의 지혜나 힘의 도움을 받아 의외로 쉽게 풀어지는 경우를 경험하게 된다.

그래서 여러 사람의 의견을 모아가며 최종 결정의 절차를 거치는 민주주의제도가 한두 사람의 생각만으로 세상일을 끌고 가는 군주독재주의보다 우선하고 여러 국민을 위하는 오늘날의 정치제도로 자리 잡게 된 것이라 생각된다.

더욱이 요즘과 같이 치열한 경쟁 사회 속에서는 힘들고 어려운 일들을 수시로 만나게 되는데 그럴 때 마다 혼자서 애태

한 줄 속담의 여유

우며 절망하거나 포기하려하지 말고 주변 사람들이나 선후배들의 경험과 조력을 구할 것이며 반면 그쪽에도 협력을 아끼지 않는 이른바 더불어 살아가는 공동 사회의 구현을 위해 노력하는 자세를 견지해야 할 것이다.

우리나라는 전통적인 농업국가로 힘겨운 농삿일을 하기 위하여 옛부터 힘을 모아 공동으로 협조하는 두레모임이나 서로 품을 바꿔가며 어려운 일을 거들어 주는 품앗이 등의 아름다운 풍속이 있었음을 잊지 말아야 할 것이다.

믿는 도끼에 발등 찍힌다

●

안전하다고 생각하며 믿었던 사람에게서 배신(背信) 당함을
비유해 이르는 말이다.

아무런 의심 없이 믿고 있던 사람에게서 배신을 당하거나 틀
림없이 꼭 이루어 질 것이라고 굳게 믿고 있던 일을 그르치게
되었을 때 쓰는 말이다.

나무를 찍거나 쪼갤 때 쓰는 도끼를 옛날엔 자주 사용하였
기 때문에 손에 익숙해진 자기의 도끼로 자기 자신이 다칠 거
라는 생각을 하지 않다가 갑자기 예상 밖의 사유로 그 도끼에
의한 상처를 받는 경우도 있었을 것이다.

때문에 익숙하고 안전하다고 자신하는 일이라도 주의하여
점검하고 확인하는 마음을 새롭게 하기 위해 이와 같은 말이
전해오고 있다고 생각된다.

이와 마찬가지로 철석같이 믿었던 사람한테 배신당했을 때
받는 충격과 고통을 늘 사용하여 손에 익은 도끼로 발등을 찍
혔을 때의 아픔으로 비교해서 표현한 뜻도 있을 것이다.

우리 사회가 구성되고 유지해오는 가장 중요한 요소가 서
로 믿고 그 믿음을 지키는 신의(信義) 풍조를 근간으로 했기

때문에 지금까지 수 천 년의 인류역사가 이어져 내려오고 있으며 사회가 혼란스러울 때 일수록 불신 풍조가 팽배하고 각종 권모술수(權謀術數)가 득세하였음은 역사가 증명해주는 일이다.

돌다리도 굴러보고 건너라는 말이 있듯이 아무리 완전하고 틀림없다고 생각되는 일이라도 다시 한 번 더 확인하고 점검해보는 습관을 가져야지 그렇지 않으면 의외의 봉변이나 낭패를 당할 수 있음을 시사(示唆)하는 속담이라 생각된다.

*
權 권세 권 謀 꾀할 모 術 꾀 술 數 셀 수
목적을 달성하기 위해 온갖 수단과 방법을 가리지 않는 것을 이른 사자성어

같은 값이면 다홍치마

●

다홍치마란 녹의홍상(綠衣紅裳), 즉 초록색 저고리에 붉은 색 치마를 입은 젊은 여자를 연상시키는 말로 보기 좋고 아름다운 모습을 상징하는데 사용되는 말이다.

그러니까 '같은 값이면 다홍치마' 란 노력이나 비용이 같을 바엔 보기 좋고 아름다워서 더 좋게 느껴지는 쪽으로 선택하게 되는 사람의 심리상태를 돋보이게 하는 말이라고 보아야 할 것이다.

이와 비슷한 뜻을 가진 속담으로 "보기 좋은 떡이 먹기도 좋다"라는 말이 있듯이 기왕에 선택할 바엔 물론 내용이 충실해야 하지만 우선 겉모습이 눈에 들어야 함은 누구나 같은 현상일 것이다.

물론 이 말의 유래나 맥락에서 속과 겉이 다르다고 보아 일부 부정적으로 말 하는 사람도 있겠지만 그 보다 그냥 순수하게 같은 값이면 여럿 중에서 보기 좋고 모양 좋은 것을 선택한다는 뜻으로 생각해야 할 것이다.

그러나 사람들의 이러한 기본 심리를 이용한 상술(商術)로 실제 내용물보다 겉포장만 요란하게 꾸미거나 지나친 성형

한 줄 속담의 여유

수술로 외모를 과대 표현하고자 하는 일들은 결코 바람직하지 못하다고 할 것이다. 그 보다는 내용에 충실하고 겉모습을 보기 좋게 치장하는 만큼 신체적 건강이나 내면적 지식과 교양 등을 위해서 더 많은 노력과 공을 들이는 사회가 이루어져야 될 것으로 본다.

요즘 지나친 상술(商術)에 의해 어떤 상품은 겉포장은 요란하고 화려한데 실제 내용물은 빈약하고 부실해서 상품을 구입한 후 포장을 풀어보고 실망하며 각종 쓰레기만 늘어나는 현상을 개탄스러워 하는 사람들이 많은데 아마도 이 속담이 뜻하고 바라는 바는 아니고 하루속히 개선되어야 할 사항이라 생각된다.

까마귀 날자 배 떨어진다

●

아무 연관도 없는 일이 동시에 일어나 둘 사이에 무슨 관계라
도 있는 것처럼 의심을 받을 수 있는 경우를 비유적으로 이르
는 속담이다.

처음부터 의도적으로 시도 되지 않았을 것으로 본다면 분명
히 긍정적 의미 보다는 억울하게 의심을 받거나 궁지에 몰리
는 상황 등 부정적인 경우에 주로 쓰이고 있다고 할 것이다.

만일 이 말이 긍정적 의미로도 자주 사용되었다면 '가는
날이 장날'이라는 속담은 생기지 않았을 것이라는 생각도 해
본다.

어쨌든 까마귀가 배나무에 달려 있는 배가 떨어질 것을 예
상하고 날거나 반대로 까마귀가 날아오르는 것을 보고 배가
떨어지지는 않았을 것이므로 두 가지 일이 동시에 발생되는
우연함을 강조한 뜻으로 사용되는 속담임에는 틀림없다고
본다.

이 말이 옛날부터 내려오는 중국 고사성어(故事成語)인 오
비이락(烏飛梨落)*에서 유래되었는지 아니면 그 전부터 고유
하고 순수하게 우리나라에서 발생하여 사용되고 있는지는 분

명치 않으나 오래 전부터 우리의 일상생활 속에서 사용되고 있는 속담임에는 틀림없는 것이라 생각된다.

이러한 현상은 분명히 우연의 일치이겠지만 실제로 이와 같은 일이 우리 주변에 더러는 있어 왔기 때문에 우리나라 뿐 아니라 중국에서도 같은 내용의 말들이 널리 쓰이고 있었다 고 생각된다. 아무튼 좋은 일들이 우연히 겹쳐지는 행운이 자 주 있었으면 하는 바람을 가져 본다.

*
烏 까마귀 오　飛 날 비　梨 배나무 이　落 떨어질 락

가는 말이 고와야 오는 말이 곱다

●

남에게 말이나 행동을 좋게 해야 자기에게도 좋은 반응이 돌아온다는 뜻을 갖는 속담이다.

인간이 생각하는 동물이라면 말은 그 생각을 서로 나눌 수 있는 수단으로써 사람만이 갖고 있는 유일하고 분명한 의사소통 기능일 것이다.

인간이 만물의 영장으로 온 천하를 지배할 수 있었던 것은 나름대로의 여러 이유가 있겠지만 서로 소통하며 생각과 감정을 충분하고 확실하게 나눌 수 있는 언어의 기능을 갖는다는 것 또한 큰 비중을 차지한다고 해도 지나치지 않을 것이다.

실제로 인간 사회의 모든 혼란이나 다툼 등이 쌍방의 대화에 의한 소통이 적절치 못한데서 시작된다고 본다면 말의 역할이 얼마나 대단하고 중요한지 상상해 볼 수 있는 일이다.

그러나 말은 메아리와 같은 기능이 있어 내가 하는 말을 상대편이 어떻게 받아 들이냐에 따라 그 반응 또한 직접적이고 빠르게 되돌아 올 수 있으므로 부드럽고도 고운 말로 내 생각을 정리해서 상대편에 전달하는 것은 상대로 하여금 내 자신을 어필시키고 호감을 갖게 하는데 크게 영향을 주어 그에 상응한 상대편의 반응을 기대 할 수 있는 작용을 하게 된다고 볼 수 있을 것이다.

내가 하는 말에 불쾌감을 느낀 상대편이 나한테 좋은 반응을 보이며 내 의사를 존중하고 이해하여 주리라고 생각할 수는 없는 일이다. 바르고 고운 말을 하기 위한 노력이 우리 사회를 원만하고 명랑하도록 하는 원동력이 되리라는 생각을 갖게 한다.

쇠귀에 경 읽기

●

아무리 잘 가르치고 자상하게 알려주어도 이해하거나 알아듣지 못함을 비유적으로 이르는 말이다.

힘들여 말하는데도 못 알아듣거나 알고자 하는 노력도 안하고 딴전 만 부리며 "너는 너대로 떠들어라 나는 내 볼일 보겠다"라고 막무가내로 나갈 때 말하는 사람의 답답함을 대신해줄 수 있는 속담이 바로 '쇠귀에 경 읽기'*가 될 것이 다.

실제로 소의 귀에 대고 아무리 좋은 경문(經文)을 읽어봤자 소는 눈만 껌벅거릴 뿐 경문의 내용을 알아들을 리 없을 것이니 말이다.

이 세상은 혼자만으로는 살아갈 수가 없고 이웃이나 다른 사람들과 서로 어울려 생활하도록 마련되어 있어 때로는 남들의 권유나 충고도 듣고 나로 인해 다른 사람에게 미치는 영향도 생각하며 더불어 공동생활을 하여야 할 것이다.

그러나 요즘에는 자기 한 몸만 생각하는 개인주의 경향이 지나치게 팽배하여 자기 주장만 내세우고 다른 사람의 말이나 의견에는 전혀 관심을 두지 않으려는 사람들로 인해 많은 부작용이나 사회적 혼란이 야기되고 있음은 매우 안타까운 일이라 생각된다.

그러니 내 주장이나 고집만 앞세우지 말고 남의 말도 잘 들어보고 다른 사람 의 처지와 입장도 생각하며 더불어 어울리고 화합하는 공동의 생활자세가 우리 사회의 근간이 되어야 할 것이다

비슷한 말로 소와 마주 대하고 거문고를 탄다는 대우탄금 (對牛彈琴)**이라는 말이 있는데 사람이 아무리 재미있게 읽는 베스트셀러나 거문고 가야금 소리라도 소가 어떻게 듣고 느끼는지는 그야말로 말 못하는 소만 이 알 수 있을 것인바 사람의 입장에서는 그저 부질없고 막연하여 답답할 일이 아닐 수 없다.

*
牛耳讀經; 우이독경
**
對 읽을 독 牛 소 우 彈 탈 탄 琴 거문고 금

개 못된 것 들에 가서 짖는다

●

사람은 누구나 자신의 본분과 처지를 생각하고 파악하여야
함을 이르는 말이라고 할 수 있겠다.

옛 부터 개는 집안으로 도둑이 들어오지 못하도록 낯선 사람
이 집에 올 때 짖어야할 가축인데 아무런 소용도 없는 텅 빈
들판에 나가 짖는다는 것은 제가 마땅히 하여야 할 일을 망각
하고 딴전만 피우는 짓이니 이러한 일을 비유하며 지적하는
속담이라 하겠다.

요즘은 대부분의 사람들이 개를 애완견이나 반려견으로 생
각하며 방안에서 사람과 함께 생활하도록 하지만 불과 몇 십
년 전까지만 해도 개는 마당과 같은 집안의 뜰에서 생활하는
가축으로 도둑이나 낯선 사람이 집으로 들어오는 것을 경계
하며 지키는 역할을 해왔었다고 이해해도 무방할 것이다.

사실 종교적인 말 같지만 세상의 모든 생명체는 이 세상에
나올 때부터 나름대로 살아갈 수 있는 시간적이고 공간적인
범위와 역할을 갖고 나왔다고 볼 수도 있을 것이다.

누구나 그 분수와 역할을 헤아리지 않고 사사로운 욕심만
앞 세우다보면 사회는 혼란스러워 질 수 밖에 없을 것이라

한 줄 속담의 여유

는 사실은 부인할 수가 없을 공동사회의 기본질서라고 생각
된다.

집안과 같이 개인공간에서도 그렇지만 특히 많은 사람이
함께하는 직장이나 모임 등에서 자신의 처지나 주변 분위기
를 모르고 좌충우돌 식으로 덤벙대는 사람 때문에 다른 사람
들의 눈살을 찌푸리게 하거나 심지어는 전체 분위기까지 혼
탁해지는 경우를 종종 경험하였을 것이다.

우리가 공동생활을 하면서 다양하고 복잡한 사회문제를 원
만하게 풀어가며 안정과 행복을 추구하기 위해서는 사회구성
원 각자가 자신의 위치에서 맡은 일에 충실할 수 있도록 최선
을 다하며 분수를 알고 본분을 지키는 건전하고 바른 생활을
추구해야 할 것으로 본다.

까마귀 검다고 백로야 웃지 마라

●

'가마귀 검다하고 백로야 웃지 마라. 것치 거믄들 속조차 거믈소냐 아마도 것 희고 속 검을슨 너뿐인가 하노라.'

태조 이성계를 도와 조선의 개국에 공을 세웠지만 두 임금을 섬기지 않는다는 고려 충신 파들의 비난이 심하였기에 이에 답해서 이직(李稷)*이 지은 시조에 나오는 말이다.

그 당시 이와 같은 시조가 나오게 된 시대적 배경이 왕 씨의 고려에서 이 씨의 조선으로 정권이 바뀌면서 시국이 혼란에 빠지고 소위 지식인으로 자처하던 벼슬아치들은 자신의 충성과 지조의 갈림길에서 고민해야했던 시대상황을 간과해서는 안 될 것이다.

겉으로 의연(毅然)한 척하는 인간들과 비록 겉으로는 흑과 백이 구분되지만 속으로는 날짐승 본래의 직성이 비슷한 까마귀와 백로를 비유하면서 나타내고자 했던 시인(이직)의 의도가 오늘날까지도 제대로 전해지고 있다고 하겠다.

우리는 사람 못된 것은 짐승만도 못하다는 말을 종종 하는데 만물의 영장이라고 자처하지만 하찮은 짐승들로 부터 배우고 깨달아야 하는 경우도 흔치 않다고 본다.

한 줄 속담의 여유

아무튼 우리 세대는 그 시절보다 반 천년이 넘는 세월을 보내면서 경제나 사회문화를 비롯해 모든 분야에서 비교될 수 없을 정도의 발전을 해오며 옛 사람들이 예상치 못했던 행복과 편안함을 누리고 있다고 자부할 수 있을 것이다.

　백색이 순결과 청렴의 이미지를 갖는다고 할 수 있기에 백로가 제 겉모양을 자랑하며 검은 까마귀를 비웃는다고 한다면 겉으로 자기만 충신이라고 내세우며 속으로는 권력과 세도를 얻어 자신의 영달이나 꾀하려는 요즘의 일부 인사들이 연상되지 않을 수 없어 이런 분야에서 더 많은 발전과 개선이 있어야 할 것으로 본다.

＊
이직(李稷 1362-1431)
고려말 예문관제학 조선개국 이후 이조판서를 거쳐 영의정이 됨

저 먹자니 배부르고 남 주자니 아깝다

●

자기에게는 별로 쓸모가 없으면서도 남에게 주기를 아까워하는 이기적이고 인색한 구두쇠 같은 사람을 이르는 속담이라할 것이다.

인간은 처음부터 여러 사람이 공동으로 생활하며 더불어살아가는 사회적 동물인데 치열한 생존경쟁에 시달리다 보니더러는 자신이 몸담고 있는 주변의 여건을 도외시하고 오로지 자기만을 생각하는 사람들로 인해 공동체 분위기를 흐리게 하는 경우가 흔치 않아 이와 같은 말이 나온 것이라 할 수있겠다.

세상 일은 한결같지가 않아 한 몸에서 태어난 다섯 손가락의 크기가 각자 다르듯이 우리가 살아가는 일상사 또한 대소를 비롯한 강약과 가진 자와 못가진 자 등 차등이 나는 각기다른 위치와 처지에서 시간적 제한이나 공간적인 한계를 벗어나지 못하는 삶을 살아가고 있다.

그렇기 때문에 우리 인간들은 내가 배부르면 다른 사람도배부를 것이라는 자기위주의 생각과 나는 배가 부르지만 나와 달리 배가 부르지 않은 사람도 있을 것이라는 나와 다른 사람의 경우도 생각할 수 있는 객관적인 기능을 같이 갖고 있다고 본다.

다만 후천적인 환경이나 교육 등에 의해 그러한 성향을 구분하고 실천코자하는 의지가 저마다 다르게 나타날 뿐이라고 생각을 해볼 수 있을 것이다.

그러니 내 배가 불러서 나 먹기는 싫어도 배고픈 남에게 주기를 아깝게 여기는 사람이 있는 가하면 자기가 먹기도 전부터 자기보다 더 어려운 다른 사람을 생각하며 자기 먹을 것을 나누는 많은 사람이 있다는 현실을 간과 하지말아야 할 것이다.

그리하여 이 사회가 보다 더 훈훈한 인정으로 서로를 생각하며 행복하게 살아 갈 수 있는 분위기가 확산되도록 모두의 관심과 노력이 있어야 할 것이다.

못 입어 잘난 놈 없고 잘 입어 못난 놈 없다

●

아무리 잘생긴 사람도 돈이 없어 제대로 먹지 못하거나 남루하게 옷을 입으면 남들한테 천대와 멸시를 당하지만 못생겼더라도 잘 먹고 좋은 옷으로 치장을 하면 다른 사람들이 함부로 취급하지 않는다는 뜻으로 자본주의 사회의 실상을 실감케 하는 말이라 할 수 있겠다.

옛부터 옷이란 우리 인간이 살아가는데 없어서는 안 될 의식주(衣食住) 가운데 맨 앞자리를 차지할 정도로 우대받는 생존을 위한 필수품이라 하겠다.

사람은 자연환경에 적응해가며 자연의 질서를 따라야겠지만 더위나 추위 등 자연적인 여건을 이겨 낼 수 있는 최소한의 노력 또한 필수적이라 할 것이다.

그러한 노력의 첫째 조건 충족이 바로 외부환경으로부터 자신의 신체를 보호할 수 있는 옷의 기능이기 때문에 인간은 옷의 필요성을 일찍부터 느꼈을 것이라 생각된다.

그 후로 우리의 생활여건이 개선 발전됨에 따라 옷의 기능과 역할 또한 단순하게 외부환경이나 자연변화에만 대처하기보다 인위적 의식과 느낌 등을 감안하는 다양한 역할까지 하고 있다고 보겠다. 사치와 낭비 그리고 허풍과 같은 지나친 자기과시가 주로 옷과 같은 외부치장에 의해 이루어지고 있다고 본다면 옷의 당초 기능의 변질된 현상이 확인된다고 할 것이다.

더욱이 요즘은 집이 없어 쪽방촌의 다락방에서 밤을 새우거나 끼니꺼리가 없어 아침밥을 굶고 나오더라도 옷만 제대로 갖추어 입으면 겉으로는 옷 입은 모습뿐이지 먹고 굶는 일이나 주거생활이 어떠한지 다른 사람이 알 수 없는 일이다.

그래서 공동생활을 하는 인간사회에서의 필수 요건 중 옷이 선두자리를 차지하게 되지 않았을까하는 생각을 새롭게 한다.

사람이 내면적 지식이나 마음의 수양 없이 머릿속은 텅 비었으면서도 값비싼 옷으로 겉치레만 번지르르하게 꾸미고 목에다 힘을 주는 꼴 불견들과 같은 허상이나 가식이 사라지고 실속 있고 내면이 충실한 사회풍조가 이루어지길 기대하여야 할 것이다.

남의 눈에 눈물내면 제 눈에는 피눈물 난다

●

눈물하면 의학적으로나 과학적 증명에 의한 여러 가지 현상 및 작용이 있겠으나 일반적으로 눈물을 흘린다는 것은 부모 나 자식을 잃는 일과 같은 큰 외부자극이나 감동에 의한 심리 적 충격이 겉으로 나타나는 현상이라 할 것이다.

물론 큰 기쁨이나 의외의 감동 등에 의할 수도 있겠지만 이 속담은 다른 사람에게 사악하고 나쁜 짓을 해서 상대되는 사람이 분하고 억울한 고통으로 눈물을 흘리게 한다면 자기 는 그 보다 더 큰 고통의 죄책감을 갖게 될 수 있다는 징벌적 의미로서의 세상이치를 강조하는 말이라고 할 수 있겠다.

이 말은 누구나 바르고 정당함에서 벗어나는 못된 짓을 하 면 언젠가 어떤 방식으로든 반드시 그 대가를 치르게 된다는 인식을 갖도록 함으로써 혼탁해지는 사회를 밝고 바르게 이 끌 수 있는 역할을 하고 있다고 생각한다.

요즘과 같이 지극히 개인적이고 이기적 생각만 앞세우며 공동체 의식을 저버리는 일부 사람들이 자기의 뜻을 이루기 위해 다른 사람을 짓밟으며 눈물 흘리게 하는 일들이 주변에 서 자주 일어나고 있음은 매우 안타까운 일이라 하겠다.

　　　　　　　　한 줄 속담의 여유

물론 이와 같은 현상을 개탄하고 사회정의를 바로 세우며 인간들의 지나친 욕망과 잘못된 인식을 바로잡기 위해 각종 종교나 법규에 의한 견제의 노력이 계속되고 있다는 사실을 부인할 수 없다.

그러나 모든 사람들의 마음속까지 다 미칠 수는 없기 때문에 각종의 사회관계에 의한 억울함이나 분노를 느끼는 사람들이 끊임없이 나타나고 있다고 보아야 할 것이다.

정당하지 못한 온갖 수단과 방법을 동원해 자기네들의 욕심만 채우려 하는 일부 사람들 때문에 또 다른 많은 사람들이 고통을 받으며 눈물을 흘리게 된다는 사실을 간과해서는 안 된다고 생각한다.

무단하게 남을 괴롭히면 자신도 그에 상응하는 대가를 치러야 한다는 사실을 두려워하는 분위기가 확실하게 정착되는 사회가 아쉽게 느껴진다.

생일날 잘 먹자고 이레 굶는다

●

평소에 늘 해오던 일은 뒤로 미루지 말고 그때그때 잘 처리하며 지내야지 확실치 않은 미래의 일에 지나친 기대감을 갖고 현실에 소홀하거나 뒤로 미루는 일이 없도록 경계하는 뜻에서 나온 말이라고 본다.

여기서 '이레'라 함은 일곱 날, 즉 '칠일'을 일컫는다. 그러니까 한 주일 뒤에나 있을 생일을 생각하고 하루하루 배고픔을 참아가며 지낸다는 얘기인데 그러다가 생일상 받기는커녕 지레 굶어 죽게 될 테니 과연 비유가 될 만하다고 할 수 있겠다.

더욱이 그 이레 사이에 예기치 않던 일이라도 생기면 생일날 잘 먹을 수 있다는 보장도 절대적일 수 없는 일이니 우선 당장 오늘 하루라도 빠뜨리지 말고 건강을 생각하며 일상생활에 충실해야 한다는 뜻이라 할 것이다.

공부하는 학생들이 시험날 임박해서 벼락치기식의 시험공부를 염두에 두고 평소 배우는 과정의 예습이나 복습을 게을리 하다가 막상 시험지를 받고서 후회하는 경우를 우리 주변에서 흔히 보기 때문에 이와 같은 속담에 실감을 느낄 수 있

한 줄 속담의 여유

다고 할 수 있겠다.

과거는 이미 지나간 일이지만 앞날은 누구도 확실하게 보장할 수 없는 글자 그대로 미래이기 때문에 현존하는 지금 이 순간에 최선을 다하는 것이 과거와 미래를 충실하게 하는 일이고 아울러 흐르는 세월을 후회 없이 보낼 수 있는 삶의 지혜라고 할 수 있을 것이다.

과거와 미래를 확실하고 빈틈없이 연결시킬 수 있는 지금 이 순간의 역할이 가장 중요하다고 보아야 할 텐데 어찌 오지도 않은 미래를 구실삼아 현재를 소홀히 할 수 있겠는가.

지금 할 수 있는 일을 다음으로 미루는 태도는 결코 바람직하지 못한 생활자세로 잠시도 멈추지 않고 지나쳐가는 지금 이 순간을 놓치지 말고 최대한으로 활용할 수 있는 평소의 생활습관은 분명하고도 확실한 성공적인 앞날을 기약할 수 있다는 확신을 갖도록 해야 할 것이다.

아이 싸움이 어른 싸움 된다

●

어린아이들의 장난과 같은 싸움이 어른들의 시비로 이어지듯이 대수롭지 않은 일이 점차 큰 일로 번짐을 경계하는 말이다.

요즘에는 출산율도 낮을 뿐 아니라 아이가 태어나면 어린이집이나 유치원등을 거쳐 학교에 가도록 되어 있어 어려서부터 어른들이나 선생님의 돌봄과 보살핌을 받으며 생활하기 때문에 어린이들끼리 서로 다투거나 싸우는 일은 흔치않다고 볼 수 있을 것이다.

하지만 예전에는 각 가정마다 두 서너 명의 어린 형제들이 함께 자라는 것이 보편적이었음에도 특별히 유아 돌봄 시설이나 어린이 놀이터 같은 곳이 없어서 아이들은 집에서 밥만 먹으면 으레 마을 뒷동산이나 정자나무 밑으로 나가서 여러 아이들끼리 어울려 시간을 보내며 자라나는 것을 예사로 알고 지냈다.

그렇게 동네 아이들이 함께 어울리며 놀다보면 더러는 서로간의 의견충돌에 의한 다툼이나 싸움질도 자주 있었다고 보아야 할 것이다.

그렇게 시작되는 아이들끼리의 다툼은 그 시간이 지나고 나면 바로 잊어버리게 되고 서로가 언제 싸웠느냐는 듯이 곧바로 또 다시 어울려서 놀기 마련이다.

뿐만 아니라 자기의 어린자식들이 밖에서 놀다가 싸우며 두들겨 맞고 집에 들어오더라도 대부분의 부모들은 애들끼리 놀면서 서로 싸웠는가보다 라고 넘길 정도로 생각하며 기껏해야 비싼 밥 먹으며 겨우 싸움질이나 하고 다니느냐는 식의 힐책 한 두 번으로 끝내기 마련이었다.

그러나 여기에서 자기자식의 귀여운 생각만 앞세우는 부모들이 싸움질한 애들의 잘잘못을 가리며 나서게 되면 어른들끼리의 시비가 되고 그 정도가 지나치면 두 집안싸움으로 까지 확대되는 경우도 종종 볼 수 있었다.

그래서 애들 일은 애들 일로 끝냄으로 자기네들의 어린감정으로 마무리 되도록 하고 웬만하면 어른들 개입을 자제하는 것이 우리 전통적인 미풍양속이었다고 할 수 있을 것이다.

뛰는 놈 위에 나는 놈 있다

●

아무리 재주가 있다하여도 그 재주보다 더 나은 사람이 있을 수 있으니 지나치게 자랑하지 말고 재주가 많을수록 겸손해야 함을 비유적으로 이르는 말이다.

땅위에 있는 표범이 아무리 잘 달린다 해도 하늘로 나는 독수리를 따라잡을 수 없고 제 아무리 잘 걷는다 해도 걷는 것보다 뛰는 게 더 빠른 것이 일반적인 상식이라 할 수 있다면 만물은 모두 제각기 나름대로의 역할과 기능을 갖고 있다고 보아야 할 것이다.

사람 또한 재주와 능력이 일정하게 여기까지라고 확정지을 수 없듯이 누구나 타고난 재질과 뒤따르는 개발 및 훈련을 통해 무한하게 발전할 수 있다고 볼 수 있겠다.

그러니 뛰는 재주가 있다고 해서 내가 제일 높이 뛴다거나 빠르게 달릴 수 있다고 뽐내다가는 어데 선가 날르는 재주를 가진 자가 나타나서 뛰는 재주를 앞지르지 않는다는 보장을 할 수 없는 것이 우리가 살고 있는 세상의 실상이라 보아야 할 것이다.

이런 현상은 우리 생활의 모든 분야에서 있을 수 있는 일로 이러한 속담을 교훈삼아 현실에 만족하거나 교만해하지 말고 더 크고 더 높고 더 많은 발전을 위한 노력과 이루어진 재주나 지식에 겸손해 하는 마음을 잃지 않도록 해야 할 것이다.

반면에 어쩌다 어려운 난관이나 곤경에 처하여 절망스러운 순간이 닥치더라도 이보다 더 어렵고 힘든 일이나 도탄에 빠지는 일이 있을 수도 있다는 생각을 하며 용기를 잃거나 삶에 대한 의지가 약해지는 일이 있어서는 아니될 것이다.

요즘의 글로벌한 환경이나 디지털문화로 사회가 급속하게 변화됨에 따라 더러는 약간의 지식이나 재능으로 세상을 호도하려는 경향이 있음은 사회를 혼탁하게하고 내면적 실속을 빈약하게 하면서도 겉모습만 꾸미려고 하는 요인으로 작용하고 있는 것 같아 안타까운 일이 아닐 수 없다.

내 생각이 옳고 내가 하는 일이 바르고 내가 지니고 있는 재주가 크다는 아집에서 벗어나 더 많은 지식과 정보를 확보하도록 항상 멈추거나 쉬지 않는 노력이 더 큰 발전과 성공을 기약할 수 있다고 본다.

돈 빌려주면 돈도 잃고 친구도 잃는다

●

친구나 친척처럼 가까운 사이에 돈 거래를 하다가는 빌려준 돈도 못 받을 뿐 아니라 친분 관계마저 멀어지는 경우가 흔치 않아 생겨난 속담이라 할 것이다.

돈이란 우리가 살아가는데 없어서는 안 될 필요 불가결한 역할을 하면서도 우리 인간에게 각종의 기쁨과 비극을 안겨주는 기능도 갖고 있다.

돈 때문에 부모형제도 몰라보게 되는가 하면 돈을 얻기 위해 물불을 가리지 않는 사회에서 우리는 한날한시도 돈의 영향과 위력에서 벗어나지 못하는 돈의 노예생활을 하고 있다고 해도 지나치지 않을 정도의 현실에서 살고 있다고 할것이다.

사회가 메마르면 개인의 생활이 팍팍하고 살아가기가 힘들게 되는데 이러할 때 돈이 윤활유와 같은 역할을 함으로써 윤택한 삶의 밑거름이 되어 훈훈한 인간관계를 조성시키는 재주도 갖고 있다고 본다.

그러나 분명한 것은 돈이 사람의 마음대로 움직이질 않는다는 것이다. 원하는 대로 많이 모아지거나 꼭 필요할 때도

244

들어와 주지 않는 경우가 허다하고 인간 상호간의 신의를 저버리게 하거나 은혜를 모르는 몰염치한 사람으로 만들기도 해서 이와 같은 속담이 나오게 되었다고 본다.

친구를 비롯해 평소에 가깝게 지내는 사람이 돈 때문에 쩔쩔매며 고통스러워하는 딱한 사정을 보게 되면 누구나 있는 돈 빌려주며 도와줄 수 있는 일이다.

그로인해 어려운 고비를 이겨낼 수 있었다면 돈을 빌려준 사람에게 고마움을 느끼며 빌려준 돈을 하루 빨리 갚아야겠다는 생각 또한 갖기 마련이다.

그러나 시간이 지날수록 돈이 없어 다급했던 순간과 돈을 빌려준 사람에 대한 고마운 마음이 희미한 기억이 되거나 되돌려 갚을 수 있는 돈의 마련이 여의치 않아 반환할 수 있는 약속을 지키지 못하게 되면 고마웠던 마음보다는 빌려준 사람자체를 피하며 멀리하게 되는 사람의 마음을 콕 집어 나타내는 속담이다.

사정이 이렇고 보면 돈을 빌려준 쪽에서는 결과적으로 돈도 못 받고 친분의 정마저 멀어지게 되므로 그야말로 돈도 잃고 친구마저 잃게 되는 심정을 속담으로 표현했다고 보아야겠다.

바늘구멍으로 황소바람 들어온다

●

겨울철에는 아주 작은 틈으로도 찬바람이 거세게 들어와 추위를 심하게 느낄 수 있다는 뜻으로 비록 작은 일이라도 소홀히 다루다가는 큰 낭패를 볼 수 있음을 비유적으로 이르는 말이다.

처음에 대수롭지 않게 생각하고 시작한 바늘 도둑이 소도둑 된다는 말에도 바늘과 소를 대조시켜 비유했듯이 매우 작거나 경미하게 생각되는 바늘과 크고 거대하게 강력함을 연상시키는 황소는 상대적으로 좋은 비교라 할 수 있겠다.

그러니까 바늘구멍이란 가늘고 작은 틈새를 말하고 반면에 황소바람이란 크고 힘센 황소가 몰고 오는 바람과 같이 거세고 매섭게 느껴지는 겨울의 찬바람을 일컫는다고 보아야겠다.

요즘은 건축기술이나 실내온도 조절을 비롯한 각종 방한시설들이 잘 되어있어 집 안에서의 추위를 별로 느끼지 않고 지내지만 그렇지 못했던 지난시절에는 모든 물자가 부족한 어려운 환경에서 가난한 생활을 하다보면 오두막집의 얇은 창호지로 된 문짝에 의지해 한 겨울의 세찬 추위를 견디며 지내는 사람들이 대부분이었다.

그러니 아무리 방 안 이라고 해도 천장이나 문틈으로 스며드는 웃풍이 세어 이를 막으려고 문풍지를 바르는 등 안간힘을 다한다지만 어딘가 바늘구멍만한 작은 틈만 있어도 어김없이 비집고 들어오는 세찬 바람에 우리 선조들이 얼마나 많은 고통을 겪었기에 이와 같은 속담이 나왔을까하는 안타까움이 앞선다.

이 말은 평소에 무슨 일을 하던 처음부터 아주 작은 사항이나 미세한 부분까지도 빈틈없이 철저하게 대비하며 시작해야지 대충대충 처리하며 지나치다가는 뒷날에 걷잡을 수 없는 문제로 커지는 경우가 있어 어려움이 더 해진다는 교훈적 의미로 풀이해 볼 수도 있을 것이다.

세상을 살아가는데 부닥치는 대부분의 문제가 작은 일에서부터 시작되는바 작고 경미한 일이라고 적당하게 대충 넘어가지 말아야 할 것이다.

그 작은 일로 인하여 발생될 수 있는 문제가 감당하기 어려운 큰 화근이 될 수 있음을 간과 하는 일이 없도록 미리부터 예상하고 대처하는 생활을 지혜가 있어야 할 것이라고 생각된다.

집에서 새는 바가지 들에 가도 샌다

●

바가지란 박의 열매를 반으로 쪼개 만들어 물을 푸거나 물건
을 담는데 사용되는 그릇인데 이와 같은 바가지가 깨지거나
구멍이 나 거기에 담은 물건이 샐 정도라면 집에서나 밖에 나
가서나 제대로 구실을 못하기는 마찬가지 일 것이다.

이 말은 깨진 바가지처럼 본래 바탕이 제대로 되지 않은 사
람은 어디에 있던 그 성품이 드러나기 마련이라는 뜻으로 풀
이 해 볼 수 있겠다.

요즘은 과학과 기술의 발달로 도자기나 주물 등에 의한 각
종 그릇이 흔하지만 예전에는 그렇지를 못해 시골농촌에서
쉽게 마련할 수 있는 바가지를 생활용품으로 사용하였다.

그러한 바가지가 한해살이 풀인 박의 열매에 의해 얻어지
는 약한 식물성 재질이기 때문에 조심하지 않고 강한 힘을 가
하면 으레 쪼개질 수밖에 없는 용품이었다.

그래서 성격이나 행동이 강인하고 진득하지 못함으로 인해
주위에 말썽을 자주 일으키는 사람이 있으면 바가지에 비유
하며 힐난했음은 이해 할 수 있는 일이라 생각된다.

사람마다 갖고 있는 성품이 각기 다르고 다양하며 누구나

태어나서부터 서로 다른 환경 및 주변 사람들과 어울려 생활하기 때문에 타고난 성격대로만은 살아가지 못한다고 할 수 있겠다.

이 속담은 바르고 착한 사람들의 올바른 행실보다는 평소 일반적인 상식을 벗어나는 말이나 행동 등으로 다른 사람들의 눈살을 찌푸리게 하는 사람들로 인해 생겨난 속담이라 할 하겠다.

사람은 누구나 본의 아니게 잘못을 저지를 수 있고 그 잘못을 뒤돌아보고 바로 잡으려는 마음을 갖고 있기 때문에 이 사회가 유지되며 이어져오고 있다고 할 것이다.

다만 정당하지 못한 마음에서 의식적으로 문제를 일으키는가 하면 자신의 옳지 못한 행위를 알면서도 뉘우치고 개선하지 않는 일부 사람들로 인해 대다수의 선량한 사람들이 피해를 입거나 사회가 혼탁해짐을 면치 못하는 실정이라 할 것이다.

깨진 바가지를 밖에 가지고 나가 샌다고 하지 말고 당초부터 깨지지 않도록 주의하거나 깨진 부분을 아예 집에서 때우고 꿰매어 수선한 후에 사용 되도록 하는 노력이 정상적이고 바른 삶의 자세라는 생각을 해본다.

죽을 수가 닥치면 살 수가 생긴다

●

'하늘이 무너져도 솟아날 구멍이 있다' 또는 '사람이 죽으라는 법은 없다'는 말과 같이 아무리 어렵고 힘든 처지가 되더라도 어데 인가는 살아나갈 방도가 생기기 마련이니 어떠한 곤경이 닥쳤다고 해서 너무 낙심하거나 절망하지 말고 헤쳐 나가며 극복할 수 있는 용기를 잃지 않는 강인한 의지를 가져야 한다는 뜻으로 풀이해 본다.

사람은 누구나 이 세상에 태어나 살아가는 동안 많은 문제의 시련과 곤경에 처할 수도 있고 그와 같은 어려운 고비를 어떻게 넘기느냐에 따라 자신의 존재를 확인하며 한 인간으로서의 성공여부가 가늠된다고 볼 수 있을 것이다.

동양고전인 주역(周易)*에 궁즉변(窮卽變)**이라는 말이 나온다. 무슨 일이던지 지극히 궁함이 극도의 상태에 이르면 그 상태에서 멈추지 않고 변화를 일으키게 된다는 세상의 이치를 나타내는 말로 해석되고 있다.

일반적으로 우리가 말하는 이 세상은 인간이 생존해 있는 상태를 기준으로 보아야 할 것이므로 죽음을 전제로 한 경우는 상상할 수도 없을 뿐 아니라 있어서도 안 되는 최악의 순

한 줄 속담의 여유

간이 될 것인바 그와 같이 막다르게 죽을 수가 닥친다면 반드시 죽지 않고도 풀어갈 수 있는 방안 또한 뒤따르게 된다는 확신을 갖도록 하는 일은 매우 중요하다고 하겠다.

더욱이 요즘과 같이 한 자녀중심의 시대에 태어나 자라온 세대들은 어려서 부모를 비롯한 주변의 사랑만 받았지 형제들이나 이웃들과 어울리는 공동생활의 기회가 적어 서로의 경쟁이나 양보 등에 따르는 시련들을 경험하지 못하는 어린 시절을 보내게 된다. 그러다 막상 성인이 되어 사회에 나가면 모든 일들이 어려서 생활하던 것처럼 자기 뜻대로 이루어지지 않고 각종의 장벽에 막히기도 하는데 그것을 극복하려는 강인한 정신보다는 절망이나 포기하는 나약한 마음이 앞서 소위 극단적 선택과 같은 일이 언론에 자주 등장하게 되는 안타까운 현실이라 할 것이다.

세상이 풍요롭고 사회적으로 평안한 때 일수록 사람들의 나약한 마음이나 극단적인 선택과 같은 현상의 예방을 위하여 강인한 용기와 건강한 신체 발달을 위한 교육과 사회 분위기 조성이 필요하다고 생각된다.

*
周易 중국 주나라때부터 이어져오는 경서(易経)
**
窮 다할 궁 卽 곧 즉 變 변할 변

나룻이 석자라도 먹어야 샌님

●

사람이 아무리 점잖하게 체면을 중시한다 해도 제대로 먹지 못해서 속으로 배가 고프고 기운을 차리지 못하면 어떠한 일도 할 수 없음을 비유적으로 이르는 말이라고 할 수 있을 것이다.

여기서 나룻이란 구레나룻 즉 귀밑에서 턱까지 잇따라 이른바 풍채 좋게 난 수염을 말하며 샌님은 생원(生員)님의 준말로 조선시대 소과(小科) 시험에 합격한 사람이나 평민 신분인 사람이 양반이나 선비를 부르던 말로 이해할 수 있을 것이다.

좀 더 쉽게 말하자면 가난하거나 세상 물정을 모르면서도 자존심이나 체면만을 앞세우려 하는 사람이라 할 수 있겠다.

뜻은 같으면서도 글자가 다른 "수염이 석자라도 먹어야 양반"이라는 말로 쓰기도 한다.

사람을 비롯한 모든 생명체는 이 세상에서 단 하나뿐인 그 나름대로의 생명을 지키기 위해 일정한 먹이를 섭취하는 것이 가장 중요한 일이며 생존을 위한 첫째 조건이 된다는 사실을 새롭게 하는 뜻도 담겨 있는 속담으로 볼 수도 있을 것이다.

한 줄 속담의 여유

다른 한편으로 가문이나 신분 등 소위 체통을 중시했던 조선시대 양반사회의 허세와 모순되는 사회구조를 지적하기 위해 사용되었던 말이라고 볼 수도 있다고 생각된다.

우리가 살아가는데 개인을 물론이고 어떠한 단체나 조직에서도 내면적 실속이 충실해야지 속은 텅 비어있으며 겉으로만 풍성한 척 하는 것은 허풍스러운 일로 결코 바람직하지 못한 일이라 할 것이다.

하기야 만물의 영장이 되는 인간으로써의 긍지와 영예를 지키기 위한 사회적 체면이나 품위를 유지하는 것이 당연하다고 할 수 있겠으나 내면적으로 건강이나 지식 및 예절 등은 빈약하면서 겉으로만 지나치게 치장을 하며 위세를 부리려고 하는 자세는 겉과 속이 다른 위선자라는 소리를 면치 못할 것이다.

금강산도 식후경이라는 말과 같이 내 안의 허기를 채워야 다른 사람이나 이웃도 생각하며 사회와 국가의 발전에 참여할 수 있을 것이니 나 자신의 신체적 건강과 아울러 더 많은 지식과 정보의 습득을 위한 노력을 게을리 하지 말아야 할 것이다.

죽어서 석잔 술이 살아서 한잔 술만 못하다

●

죽은 뒤에 아무리 정성 들여 제삿상을 잘 차린다 해도 살아있을 때 비록 간소 할망정 진솔한 마음으로 잘해주는 것만 못하니 살아생전에 잘 하라고 이르는 말이다.

또한 눈앞에 닥쳐있는 현실적 문제에 도움이 되도록 해야지 일이 끝난 후에는 아무리 걱정을 하며 도움을 주려해도 소용이 없음을 비유적으로 표현한 속담이라고 풀이해 볼 수도 있을 것이다.

그런 뜻에서 본다면 누구에게나 현실이 되는 바로 이 순간이 가장 소중한 시간이기 때문에 현실에 충실하기 위하여 최선을 다하는 생활이 후회와 아쉬움을 줄일 수 있는 삶의 바른 자세라는 생각을 해보게 된다.

비단 부모에게 효도하거나 어른을 공경하는 일 뿐 아니라 장래를 위해 공부하는 젊은이를 비롯해 직장이나 기타 모든 분야에서 지금 이 순간을 소홀히 하지 않고 최선의 노력을 다하며 충실하게 생활하고 있다면 그 삶의 하루하루가 바로 성공할 수 있는 지름길을 걷고 있다고 할 수 있을 것이다.

오늘 하여야 할 일을 이런저런 사유와 핑계를 앞세워 내일이나 다음으로 미루다보면 모든 일들이 그처럼 미루어지게 되지만 오늘 바로 이 순간은 이미 지나가게 되고 그렇게 일단 지나가버린 시간은 다시 되돌아오지 않는 과거가 되고 마니 그 당시 할 수 있었던 효도와 그 시간에 했어야 했던 일들은 기회를 잃게 되는 것이 인간의 힘으로 어찌할 수 없는 자연의 순행이고 이치가 될 것이다.

부모를 비롯한 어른들이나 가깝게 지내던 사람이 죽으면 살아생전에 잘 해주지 못했던 자책으로 가슴 아파 하지만 죽음이라는 사실 자체로 이미 나와의 관계는 돌이킬 수 없는 사이가 되고 마니 아무리 통곡하거나 진수성찬을 차려 놓고 불러본들 무슨 소용이 있겠는가.

사람이 살아서 하는 일은 다시 시도해 볼 수도 있지만 죽음으로 떠나간 사람과는 현실적으로 다시 회복될 수 가 없으니 살아있는 지금 이 순간을 놓치지 말고 최선을 다하는 것은 지극히 당연하고 이 세상에서의 존재의미를 확실하게 해주는 일이라 할 수 있을 것이다.

봄 사돈은 꿈에도 보기 무섭다

●

가을에 수확한 곡식은 다 털어 바닥이 나고 여름식량으로 이용되는 보리는 미처 생산되지 않는 봄철은 먹고 지낼 양식이 없어 어려운 때인데 이와 같은 춘궁기에 예의를 갖추고 잘 대접해야 할 사돈을 맞이한다는 것은 매우 어려운 일로 꺼리게 된다는 속담이다.

여기서 사돈(査頓)이란 혼인한 두 집안 그러니까 결혼한 딸의 시댁이나 아들의 처가인 며느리 친정집 사이에서 부모들이나 같은 항렬(行列)에 있는 사람들로 서로 간에 집안의 속내나 개인적 취향을 허물없이 털어놓고 얘기하기가 조심스러운 사이를 상징적으로 이르는 말이라 할 것이다.

경제 발전에 따라 제반의 생활여건이 좋아진 요즘엔 느낄수 없는 일이지만 불과 몇 십 년 전까지만 해도 일반 백성들은 하루 세끼 먹을 수 있는 식량을 확보하는 일이 일상생활의 가장 큰일로 여기고 정부에서도 국민들을 배곯게 하지 않는 식량정책을 제일 중요시 할 정도로 당장 먹고사는 문제가 우선시 되던 시절의 어려움을 새롭게하는 속담이라 하겠다.

한 해중 특히 봄철은 식량이 부족해서 많은 사람들이 끼니

한 줄 속담의 여유

를 제대로 때우지 못하고 나무껍질이나 풀뿌리 등 소위 초근목피*와 같이 영양가 적고 거친 먹거리로 겨우 배고픔을 견디어가며 어렵게 굶주리고 지내는 계절이었다.

그래서 춘궁기(春窮期)라 하고 심지어는 벼농사에 의한 쌀은 떨어지고 보리수확을 하기 전에 일정기간을 그 유명한 보릿고개라 부르기도 했던 것이다.

모든 생명체가 그 생존을 위해서는 무엇보다 먹이를 섭취하는 것이 가장 중요하고 우선되는 일이듯이 사람 또한 먹을 양식이 없어 굶주리는 고통과 설움보다 더 한 것이 없다는 옛말과 같이 배가 고프면 어떠한 체면이나 예의도 생각하기 어렵게 되기 마련이다.

더욱이 지금과 같이 교통이 편리하지 못했던 지난 시절에는 누구를 막론하고 손님으로 오거나 남의 집에 손님 노릇하러 가더라도 하루에 다녀오기가 어려워 하루나 이틀 정도 잠을 자며 머무르게 되는데 손님 앞에서 굶을 수도 없고 밖에 나가 쉽게 식량을 구할 형편도 못되면 그저 난처하기만 할 텐데 그 손님이 어렵게 예의를 갖추어야 할 사돈이라면 가히 짐작해 볼만도 한일이다.

*
草 풀 초　根 뿌리 근　木 나무 목　皮 가죽 피

하늘 높이 나는 새도 먹이는 땅에서 얻는다

●

아무리 하늘을 날아다니는 새라도 제 생명과 활력을 유지하기 위한 먹이는 땅에서 구하듯이 사람도 자기가 태어난 근본을 잊어서는 안 된다는 뜻으로 풀이할 수 있을 것이다.

하늘이 무변광대(無邊廣大)하고 온갖 조화(造花)를 부리는 신비스러운 곳이라 해도 모든 생명체는 땅에서 나온다는 사실이 부정될 수 없는 진리로 우리가 생활하고 있는 땅은 말그때로 만물의 어머니노릇을 한다고 보아야 할 것이다.

중국 고전인 주역(周易)에서는 하늘이 원형이정(元亨利貞)의 큰 덕(德)을 갖추어 춘하추동 사계절을 운행하며 비와 볕으로 하여금 만물의 시초가 될 수 있는 기운을 내리고 땅은 순수하고 유순한 덕으로 씨가 뿌리를 내리고 자랄 수 있는 신묘한 성정과 형상에 의해 만물을 탄생시키고 길러주는 어머니와 같은 역할과 기능을 한다고 보고 있다.

실제로 모든 생명체가 비록 하늘의 뜻에 의할지언정 태어나는 실질적 모체는 땅이라고 볼 수 있을 것이며 땅이 사람으로 말하면 어머니의 뱃속과 같은 근본이고 고향이라고 해도 지나치지 않을 것이다.

한 줄 속담의 여유

그러므로 사람이 살아가면서 자신의 근본을 잊는다는 것은 부모와 고향을 배신하는 것이고 나아가서는 하늘과 땅의 뜻을 거역하는 것이라고도 할 수 있을 것이다.

요즘의 세태가 너무 거칠고 혼란스러우며 개인의 안일과 물질적 욕망이나 세속적 명예만을 위한 생존경쟁을 핑계 삼아 사람됨의 근본됨을 저버리고 눈앞의 이익만 취하려하는 실상이 개탄스러워 이와 같은 속담이 생기지 않았나 하는 생각을 해본다.

시골 오두막에서 태어난 사람이 어쩌다 큰소리를 낼 수 있는 권력이나 일확천금에 의한 재산가가 되었다 해도 자기를 낳아 기른 부모나 어려서 자라던 고향을 잊고 저버리는 일이 있어서는 안 될 것이다.

아무리 하늘 높이 자유롭게 나는 새 라도 그러기 위한 활력과 먹이는 땅에서 얻어지게 되니 어찌 생명의 근본이 되는 땅의 소중하고 고마움을 소홀하게 생각할 수 있겠는가.

큰 말이 나가면 작은 말이 큰 말 노릇 한다

●

기왕에 일을 주관하던 사람이 자리를 비우는 일이 생기더라도 나머지 구성원 중 누군가 그 자리에 걸 맞는 위치에서 책임감을 갖고 전임자의 역할을 대신하게 된다는 말이다.

가정에서는 물론이고 각종 사회단체나 조직에 이르기까지 윗사람의 위치에서 책임과 권한을 갖고 일을 주재하던 사람이 예기치 못한 사고 등으로 자리를 비우게 되면 그를 따르던 많은 무리들은 갑자기 혼란스러워지고 낭패를 당하는 절망에 빠지게 되지만 결국에 가서는 남아있는 사람 중 누군가 그 빈자리를 차지하고 빈틈을 메우며 전임자가 하던 역할을 이어가게 되는 세상의 흐름을 나타내는 속담이라고 할 수 있을 것이다.

필자가 어렸을 때 농촌의 시골마을 이웃집에 사는 여인 한 분이 젊어서 남편과 사별하고 혼자서 두 아들을 키우며 살았는데 그 중 큰아들이 홀어머니를 도와가며 집안일을 비롯한 논, 밭일이나 가축을 기르는 힘든 일을 하면서 아버지의 빈자리를 대신 하던 중 군대에 갈 나이가 되었다.

그러자 군대에 가는 큰아들이 어머니는 늙고 동생은 아직

260

어려서 힘든 농사일이며 각종 집안일을 크게 걱정했고 그의 어머니 또한 살아갈 길이 막막하다고 근심하는 것을 보고 마을 사람들이 큰 말이 나가면 작은 말이 큰 말 노릇을 하기 마련이니 너무 걱정하지 말라고 위로하는 것을 본 기억이 난다.

실제로 큰 아들이 군데 입대한 후 작은 아들이 아직 어렸지만 군대 간 형을 대신해서 집안일에 열중함으로 그 집의 농사를 비롯한 모든 일이 처음에는 큰아들이 있을 때만 못한 것 같았지만 그런대로 유지하고 지탱해 나가는 것을 보았다.

물론 그렇게 되기까지는 많은 어려움과 시련이 있었겠지만 생활의 흐름은 그렇게 지속되는 것이라 생각된다.

이와 같은 일은 한 가정에서만의 일이 아니라 각종 사회단체나 조직체 등에서도 흔치않게 있을 수 있는 일로 지금까지 인류사회가 이어져오는 자연스런 순리라고 보아도 무리는 아닐 것이다.

그래서 책임이 있는 윗자리에서 다른 사람이 가질 수 없는 권한과 힘을 행사하면서 내가 아니면 안 된다는 경직된 집념은 바로 고집과 독선에 의한 부작용이 될 수 있음 또한 경계할 일이 아닌가 생각된다.

콩으로 메주를 쑨다 해도 곧이 듣지 않는다

●

메주는 간장이나 된장과 같은 장을 담그는데 반드시 들어가
야 하는 주 재료인데 그 메주를 만드는 기본 재료가 바로 콩
이다.

그러니까 메주하면 바로 콩이 연상될 정도로 콩으로 메주
를 쑤는 것은 너무나 당연한 말이고 전혀 새롭거나 의심할 여
지가 없는 기본 상식에 속하는 일이다.

그처럼 콩을 가지고 메주를 쑨다는 말은 누구도 부인할 수
없는 사실인데 그 정도의 사실을 말해도 믿기지 않는다는 것
은 평소에 거짓말을 잘하여 진실을 말해도 믿을 수 없다는 뜻
으로 이해하여야 할 것이다.

사람과 사람사이에 믿음의 역할은 인간이 공동으로 생활하
며 그 사회가 번영과 발전을 거듭하며 그 사회 구성원들이 안
심하고 편안함을 누릴 수 있는 기본적 기능을 하고 있다고 보
아야 할 것이다.

그러므로 혼자가 아닌 공동으로 생활 하면서 서로 의지하
고 협조하며 여럿의 힘을 모으고 합쳐서 강해질 수 있는 근간
이 바로 상호간의 신뢰이고 믿음이라고 할 수 있겠다.

그와 같은 믿음을 갖도록 하기 위해서는 첫째가 정직, 즉 허위나 거짓말을 하지 말아야 할 것이며 다음으로는 자기가 한 말을 책임질 수 있는 행동이 뒤따르는 언행이 일치되어야 할 것이다.

말로만 정의와 진실을 외치며 그에 걸 맞는 행동이 뒤따르지 않으면 아무리 심금을 울리게 하는 웅변이라 할지라도 다른 사람을 현혹시키는 한 낱의 미사여구에 지나지 않아 진정한 믿음을 얻기가 어려울 것이다.

믿음과 신뢰를 잃는다는 것은 그야말로 사회적으로 불신을 받게 되어 나중에는 어떠한 진실을 말해도 믿어주는 사람이 없게 되는 불행을 스스로 초래 할 수밖에 없게 될 것이다.

믿음을 얻는 일 또한 쉽게 이루어지지 않아 평소에 거짓된 언행을 자주 하거나 내용과 달리 겉치장만 꾸며 일시적으로 이득이나 챙기려는 사람한테는 믿음이 결코 따라주지 않을 것이니 기본적으로 바르고 정직하게 살겠다는 삶의 자세가 견지되어야 할 것이다.

오이는 씨가 있어도 도둑은 씨가 없다

●

오이는 씨가 있어 그 씨앗을 심으면 그 모양새나 맛 등이 그 대로 이어질 수 있지만 남의 물건을 훔치는 도둑질은 유전에 따르는 것이 아니라 주변의 여건이나 교육 또는 잘못된 마음 가짐에 의해 나타날 수 있다는 뜻이 담긴 말이다.

그러니까 사람은 태어난 후 성장 과정에서의 환경이나 교 육 등과 같이 몸담고 어울리게 되는 후천적 여건이 각 개인의 성품에 미치는 영향 또한 크고 중요하기 때문에 평소에 마음 을 바르게 갖지 않으면 도둑질과 같은 못된 짓을 할 수도 있 게 된 다는 뜻이라 할 것이다.

그래서 항상 바른 마음이 흔들리지 않고 굳건하게 유지될 수 있는 생활의 기본자세가 필요함을 강조하는 속담이라고 볼 수 있겠다.

물론 사람도 자연이치에 따라 유전적인 요소가 있고 태어 날 때 부모로부터 받은 유전형질이 평생 살아가는 동안 나름 대로의 기능으로 작용하는 일도 있겠지만 적어도 도둑질과 같은 나쁜 행위에는 직접적인 영향을 끼치지 않는다는 확신 을 가질 필요가 있다고 본다.

한 줄 속담의 여유

누구나 태어나 좋은 환경에서 선량하고 착한 일을 보면서 올 바른 교육을 받고 자라면 어른이 되어서도 세상의 모든 일을 선량한 마음으로 이끌며 풀어 나가려 할 것이다.

그러나 불행하게도 어려서 화목하지 못한 환경과 거칠고 난폭한 일들을 자주 보면서 혼탁한 환경에서 성장한다면 어른이 되어 사회의 일원으로 생활하는데도 그 영향이 미치지 않을 수 없을 것 이라는 생각을 갖게 된다.

요즘같이 아이를 낳기 만하고 기르는 과정이나 양육을 포기하면서 사회 및 국가에만 의탁 하려는 일부 사람들 때문에 자식에 대한 부모의 사랑과 정이 가벼워지고 단순히 물질적 이해관계로만 계산하려는 현상은 심히 안타까운 일이다.

낳은 정과 기른 정의 일치에 의한 인륜의 정이 더욱 돈독해지길 바라는 마음은 시대의 흐름과 맞지 않는 고루함이 아닌가 하는 조심스런 생각도 해보지만 부모를 생각하는 자식의 마음 또한 어려서 부모의 사랑을 얼마나 받으며 자랐느냐에 따라 달라질 것이라는 사실을 간과하지 말아야 할 것이다.

부뚜막의 소금도 집어넣어야 짜다

●

아무리 이루기가 쉽고 제반여건이 유리하게 갖추어진 일이라
도 누군가 마지막까지 직접 마무리하는 수고가 따르지 않으면
그 일의 완성을 거둘 수 없음을 비유적으로 이르는 말이다.

부뚜막이란 불을 지피는 아궁이 위에 솥이 걸치도록 만들어
진 요즘의 조리대와 같은 역할을 하는 부엌시설의 일부이다.

그러니까 음식을 조리하는 솥의 바로 곁에 있는 소금이라
할지라도 솥 안으로 집어넣고 입맛에 맞도록간을 맞추어야
먹을 수 있는 요리가 완성되고 소금은 소금대로의 본래 기능
을 할 수 있을 것이다.

아무리 힘들게 부뚜막까지 가져다 놓은 소금이라 하더라도
음식에 직접 넣는 일이 없으면 있으나 마나한 말그대로의 소
금일 뿐이다.

이와 마찬가지로 어느 일이던 우리가 원하는 성과를 얻으
려면 일의 끝을 맺을 수 있는 최종적인 역할이 있어야 한다는
뜻이라 할 수 있겠다.

아무리 진수성찬의 밥상을 받았다 하더라도 직접 수저를
들고 음식을 떠서 입에 넣어야 음식의 맛을 느낄 수 있고 이

한 줄 속담의 여유

어서 좋은 영양분을 섭취할 수 있지 그냥 보고만 있으면 아무 소용없는 상차림이 되고 말 것이다.

비록 사람뿐 아니라 모든 생물은 자신의 생명을 유지하는 생존경쟁을 해서 시의 적절하게 대처하는 나름대로의 지혜와 노력이 필요하고 또 그렇게 진행하는 것이 자연의 순리라고 할 수 있을 것이다.

시험장에 들어가는 수험생은 시험문제가 아무리 쉽고 아는 문제라도 문제를 풀어 답안지에 기재를 해야 채점되는 결과를 볼 수 있지 다 알고 있는 문제라도 풀지 않고 시험장에서 나오면 힘들어 공부한 노력의 결과는 얻을 수 없을 것이다.

그래서 어떤 일이던 최후의 순간까지 최선을 다하여 빈틈의 여지가 없는 완전한 결론을 얻을 수 있는 생활 자세가 매우 중요하다고 할 수 있겠다.

요즘 우리 주변에 노력하는 일은 소홀히 하며 요행수를 바라거나 힘 들이지 않고 일확천금을 노리는 일부 사람들이 있어 사회가 혼탁해지는 경향이 있음은 결코 바람직하지 못한 현상으로 하루빨리 시정되고 개선되어야 할 것으로 본다.

五部

여유의 한 줄

복은 쌍으로 안 오고 화는 홀로 오지 않는다

●

쉽게 풀이 해보면 좋은 일은 겹쳐서 생기지 않고 나쁜 일은 한 번에 끝나지 않는다는 말로 대체적으로 복 받기는 매우 어렵지만 한 번 오기 시작한 재앙은 반갑지 않게 연거푸 온다는 뜻이다.

한자로 쓰면 복불쌍래(福不雙來) 화불단행(禍不單行)으로 복 복(福)자와 재앙 화(禍)자가 비슷해서 그런지 일반적으로 복을 말 할 때는 으레 화가 뒤 따르기도 하는데 반드시 그렇게 된다는 통계적 진실이나 근거는 없을 것이라고 본다.

다만 우리가 살아가려면 언제나 즐거운 일이나 괴롭고 힘든 일들과 마주치게 마련이고 그러한 일들을 하나하나 거쳐 나가는 자체가 바로 일상적인 삶이라서 어쩔 수 없이 항상 함께 할 수 밖에 없는 것이 '화' 와 '복' 이라고 생각해야 할 것이다.

우주의 질서 자체가 어두운 밤이 지나면 밝은 낮이 오고 추운 겨울을 이기면 따뜻한 봄이 오듯이 우리의 일상생활도 즐겁고 행복스럽게 느껴지는 일이 있는가하면 그 반대로 괴롭고 어려운 일들이 엇갈리며 복과 화가 반복되는 현상이 계속

270

되고 있다고 할 수 있겠다.

그러한 과정에서 힘들게 얻었거나 어렵게 찾아온 기쁘고 좋은 일들은 오래 지속되지 않고 바로 끝나는 것 같지만 예상치 못한 재앙이나 우리를 괴롭게 하는 일들은 자주도 찾아오는 것 같고 또 좀처럼 쉽게 마무리되지 않은 채 오래 머무르고 있는 것 같음은 아마도 우리의 느낌 때문이 아닌가 하는 생각을 갖게 된다.

누구나 한 번 찾아온 복에 의한 즐거움이 계속 이어지기를 바랄 것이고 재앙과 같은 불행한 일이 생기면 어서 빨리 물러가고 해결되기를 원하겠지만 세상일이란 그렇게 우리 마음대로 이루어지지 않기 때문에 아쉬워하거나 답답해하는 사람들을 위로하는 뜻에서 나온 속담이라고 본다.

그러니까 좋은 일이 생겼다고 너무 기뻐하거나 어쩌다 뜻밖의 재난을 당했다고 너무 낙망하며 괴로워하지 않는 여유로운 삶의 자세를 강조하는 의미가 담겨 있다고 할 수 있겠다.

달 밝은 밤이 흐린 낮만 못하다

●

밤에 뜨는 달이 아무리 밝다고 해도 비록 흐린 날 일지언정 태양에 의한 낮 보다 더 밝지는 못하다는 뜻이다.

비슷한 의미로 "열 자식 효도보다 비록 속을 태우더라도 남편이나 아내 같은 배우자 한명만 못하다"는 말이 있다고 하겠다.

이와 같은 말은 개인적 신상과 비유해서 하는 말이지만 좀 더 범위를 넓혀 생각해 본다면 세상 일이란 각자의 개성과 나름대로 맡은 바 소임이 있어 제각기 그 주어진 분수에 맞도록 최선을 다 함으로써 자연의 순리에 부합될 수 있도록 하는 이치를 일깨워주는 속담이라 할 수 있겠다.

'하늘에 해가 있는 낮이 달이 밝히는 밤 보다 더 밝다'는 사실은 만고불변의 진리인 만큼 달이 해보다 더 밝을 수도 있겠다는 생각 자체가 우주의 자연법칙을 거역하는 인간의 오만함이 될 수 있다는 경고로 받아드려야 되지 않을까 하는 생각도 갖게 한다.

그 만큼 태양은 태양으로서의 기능과 역할이 있고 달 또한 달 나름대로 일정한 위치와 역할을 갖고 조금의 오차도 없는

한 줄 속담의 여유

천체 운행을 계속하고 있으며 인간은 그러한 자연의 순리에 적응하는 자체가 우리의 역할이고 소임이라고 생각하여야 하지 않을까 하는 마음도 가져본다.

황새는 황새로 살아갈 수 있는 기능과 역할이 있듯이 뱁새는 뱁새가 할 수 있는 재주와 능력에 맞게 살아야지 뱁새로서의 분수와 기능을 망각하고 가당찮게 황새와 어깨를 겨누려다가는 과부하와 같은 부작용에 직면할 것은 당연한 일이라고 본다.

요즘과 같은 개인중심 위주의 사회에서 각 개인이 주변을 의식하지 않고 겉으로 나타나는 외형적 평등만 주장하다 보니 내면의 소양이나 공동사회에서의 책임과 질서가 소홀해지는 경향이 있는데 이와 같은 현상이 건전한 사회와 개인의 행복한 삶을 영위 하는데 결코 바람직하지 못할 것이라는 생각을 지울 수가 없겠다.

세 닢 주고 집 사고 천 냥 주고 이웃 산다

●

여기서 '닢'이나 '냥'은 옛날 조선시대에 사용하던 일종의 화폐 단위를 말한다.

'닢'은 대체적으로 마른 나뭇잎처럼 가볍게 느껴지고 '냥'은 흔히 '중량'이라고 할 때 쓰듯 묵직한 느낌이 들어 크고 무겁다는 이미지를 갖게 하는데 그와 같이 가벼움과 무거움을 비교하는 뜻으로 표현된 말이라고 할 수 있겠다.

그러니까 우리가 살아가는데 꼭 필요한 집보다 좋은 이웃이나 자주 만나는 친구처럼 가까이 할 수 있는 사람이 더 소중함을 깨닫게 해주는 속담이라 하겠다.

사람이 생명을 유지하며 만물의 영장으로써 인간다운 삶을 영위하는데 가장 필요한 기본요소가 의식주(衣食住)라 한다면 그 중 하나인 주 즉 집이 우리의 삶과 얼마나 밀착되어 있고 또 크게 영향을 끼치는가는 새삼 강조할 필요가 없을 것이라 본다.

누구나 생활하기 편하고 안락한 집을 갖기 위해 많은 노력과 투자를 아끼지 않으며 그렇게 공 드려 마련한 집은 그야말로 행복하고 편안한 삶의 보금자리 역할과 기능을 갖게 된다.

한 줄 속담의 여유

그처럼 사람이 거주하는 집이 우리의 삶에 중요하고도 큰 비중을 차지하는데도 그러한 집을 얻기 위해 노력이나 투자를 단돈 세 닢의 가벼움으로 비교될 정도라면 천 냥의 거금과 그에 수반되는 많은 공을 들여야 한다는 이웃이란 도대체 얼마나 막중하고 대단한 역할을 의미하는지 의아스럽기도 할 것이라 생각된다.

그렇게 좋은 이웃이나 좋은 사람을 만나는 것이 값비싸고 살기 좋은 집을 갖는 것과는 비교할 수 없을 정도로 우리 삶에서 미치는 영향이 크다는 것으로 받아드려야 할 것이다.

더욱이 최근 아파트 층간소음 등으로 다툼이나 분쟁이 끊이지 않는 현상을 볼 때 이웃의 소중함을 실증하는 좋은 예가 된다고 할 것이다.

아무리 험난한 요즘의 생존경쟁이라도 당장 눈에 보이는 물질적 이익보다는 서로가 진실한 마음으로 어려움을 함께 나눌 수 있는 이웃이나 친구의 따뜻한 정이 우선시되는 바람직한 사회의 구현을 위해 만들어진 속담이라 하겠다.

짚신도 짝이 있다

●

볏짚으로 만들어져 별로 귀 한줄 모르게 여기는 짚신도 오른쪽과 왼쪽을 갖춘 한 켤레로 되어 제 짝이 있다는 말로 누구나 이 세상을 함께 살아가기 위한 배필로 만날 수 있는 짝이 있다는 자연의 섭리를 새롭게 해주는 속담이라 할 수 있을 것이다.

요즘은 사용하기 편리한 각종 신발이 다량으로 생산되고 있어 아무런 불편을 모르고 지내지만 불과 한 세기 전 까지만 해도 왕실이나 귀족 등 특수계층을 제외하고는 대부분 일반 대중의 유일한 신발이 짚신이었다.

때문에 사람들에게 불가피 하면서도 가장 밀착되게 애용하던 물건이 바로 짚신이었고 그러한 짚신은 반드시 양쪽 두발에 신도록 두 짝으로 이루어져 각각 제 기능을 할 수 있다는 특성이 있기 때문에 짚신을 우리의 삶과 연계시켜 비유한 말이라고 볼 수 있을 것이다.

우리가 흔히 쓰는 한자(漢字)의 사람 인(人)자가 오른쪽과 왼쪽에서 두 획이 합쳐서 이루어진 합성문자 이듯이 사람이란 누구나 혼자서 살기보다는 두 남녀가 한 쌍을 이루어 서로가 의지하고 협조하며 가정을 이루고 공동사회의 구성원으로 더불어 살아가는 존재임을 강조하는 뜻으로 이해하여야 할 것으로 본다.

우리가 험난한 세상의 고단함을 견디고 사랑과 행복을 추구하는 삶과 자손의 번식을 비롯해 번창하는 사회와 국가로 인류역사를 이어지도록 하는 것이 오늘의 한 세대를 살고 있는 우리 인간들의 책무를 다하는 일임은 변할 수 없는 시대적 소명이라는 생각을 가져야 할 것으로 본다.

그러나 근래에 와서 지나친 개인주의와 가시적인 향락이나 자기 한 몸의 안일만을 앞세우고 가정의 소중함을 가벼이 여기며 결혼을 기피하거나 출산을 거부하는 경향이 사회일각에서 만연되고 있음은 결코 바람직하거나 미래지향적이지 못한 현상이라고 지적하지 않을 수 없는 일이다.

물론 시대의 변화에 따라 사람들의 의식이나 생활방식이 바뀌고 있지만 얼마 전까지만 해도 결혼하지 않는 젊은이들을 보면 으레 짚신도 짝이 있는데 왜 여태까지 결혼을 하지 않느냐고 주변 어른들이 채근하는 경우를 볼 수 있었다.

가는 말에 채찍질 한다

●

쉬지 않고 열심히 하고 있는데도 더 빨리 더 잘하라고 독촉하는 경우를 비유해서 이르는 말이다.

채찍이란 말이나 소를 몰 때 사용하기 위하여 만들어진 일종의 회초리로 멈춰서있는 소의 엉덩이를 때려서 출발시키거나 달리는 말의 등이나 엉덩이에 매질하는 행위를 지칭하는 말이다.

어떻게 보면 정상적으로 잘 가고 있는 말이나 소에 채찍질까지 해가며 재촉하는 사람들의 마음이 성급하게 생각될 수 있지만 사람들의 개성이나 욕심 등 다양한 심리를 엿볼 수도 있는 일이다.

그러니까 매질이라는 아픔이나 고통스러운 충격을 주어 더 빠르고 더 큰 성과를 거두려는 사람들의 욕심에 의한 작용의 표현일 수 있다고 본다.

그러나 그와 같이 더 큰 것을 바라는 우리 인간들의 욕심 때문에 채찍에 의한 충격으로 고통을 느껴야 하는 말이나 소의 입장에서 보면 가련한 마음이 들기도 한다.

세상의 모든 일이 우리 인간 위주로 이루어지고 있다는 전제하에서 생각한다면 단순하게 채찍질을 당하는 소나 말의 처지가 아니라 피지배 계층이나 일반 서민들의 생활에서 혹사당하고 있는 대다수 사람들의 슬픈 현실을 완곡하게 표현하는 속담이라고도 볼 수 있을 것이다.

우리의 살아가는 과정은 언제나 순탄하지만은 않아 수시로 예기치 못했던 함정이나 걸림돌 같은 장애물이 앞을 가로 막을 수도 있어 잠시라도 긴장이 풀리거나 주의를 소홀히 하면 험난하고 극심한 경쟁을 헤쳐 나갈 수가 없게 된다.

특히 요즘처럼 사회구조가 복잡 다양하고 인심이 각박해지는 환경에서 건전하고 안정된 삶을 누리기 위해서는 자기 스스로는 물론 외부의 자극에 의해서라도 항상 긴장의 끈이 풀리지 않도록 하는 생활자세가 유지되어야 할 것이다.

그러한 의미에서 볼 때 비록 잘 가고 있는 말이라도 가끔 채찍으로 자극을 주고 주의를 새롭게 해주는 일은 방심하거나 해이 해지기 쉬운 생활에서 촉진제 역할을 할 수 있을 것으로 보아야겠다.

보리밥에는 고추장이 제격이다

●

무엇이나 자기의 주어진 여건에 맞도록 해야 하며 어떠한 일이던 서로 조화를 이룰 수 있는 방안을 찾아 함께 어우러지도록 하는 생활의 지혜를 뜻하는 속담이라 풀이된다.

그러니까 무슨 일이던 소위 흔히 쓰는 말로 궁합이 맞아 서로 다른 개체와의 사이에서 생길 수 있는 배타적 이질감이 없도록 하여야 발전적으로 화합하고 바라는대로 나갈 수 있다는 뜻이 되겠다.

그래서 결혼하려는 상대를 비롯해 음식이나 입을 옷을 고르는 일에도 서로가 잘 어울리고 화합 할 수 있는 여건과 궁합을 따지게 된다고 할 수 있을 것이다.

요즘은 풍요로운 세상이 되어 모든 면에서 넉넉하고 여유로울 정도로 물자가 풍부하여 미쳐 체감되지 않을 수도 있겠지만 빈곤했던 지난 시절에는 사람이 살아가는데 의식주의 해결이 가장 힘들고 어렵게 여겼던 선결문제였다. 그 중에서도 당장 먹어야하는 식량을 마련하는 일이 생명을 유지할 수 있는 최우선적 일이었다.

그 당시의 많은 사람들은 매일같이 흰 쌀밥을 먹고 지낸다는 것은 생각하기 어려운 일이었고 보리밥이라도 때를 거르지 않고 먹을 수 있다면 다행으로 생각하며 지내야 했다.

물론 그렇게 굶주림을 해결코자하는 시기에 보리밥의 맛이나 영양적 가치가 어떻고 무슨 반찬과 먹는 것이 좋고 나쁨을 따질 수 있는 겨를은 없었을 것이므로 이 속담이 나온 것은 빈곤의 시대 이후가 되지 않을까하는 생각을 해본다.

요즘에는 보리쌀이 쌀이나 밀가루보다 식이섬유를 많이 함유하며 비만등과 같은 현대인의 건강관리에 도움이 됨을 알게 되었고 보리의 생산량도 예전보다 적어 오히려 쌀 보다 더 귀하게 여겨지고 있는 곡물이 되었을 정도로 시대가 변했다고 할 수 있겠다.

그래서 보리밥이 맛이나 건강식품으로 찾는 기호식품이 되었는데 기왕 그렇게 식도락이나 건강을 위하여 먹고자 한다면 참기름 등 다른 첨가물과 같이 빠뜨릴 수 없는 것이 바로 고추장인바 보리밥에 고추장을 듬뿍 넣고 척척 비벼서 먹는 것이 우리의 입맛을 사로잡고 우리 한식의 격에도 맞다는 뜻에서 나온 말이라 생각된다.

미꾸라지 한 마리가 웅덩이 물 다 흐린다

●

조그만 미꾸라지 한 마리가 흙탕물을 일으켜 웅덩이에 있는
물을 모두 흐리게 하는 사례를 들어 한 두 사람의 잘못으로
인해 전체적으로 나쁜 영향을 끼치게 되는 경우를 비유적으
로 이르는 말이다.

실제로 미꾸라지는 작은 개울이나 웅덩이 등에서 살면서
개흙바닥으로 파고드는 습성이 있어 비록 작은 물고기지만
그의 몸놀림으로 인해 주변의 물이 탁하게 흐려지는데 우리
인간사회에서도 일부 신중하지 못하고 경망스럽게 행동하는
사람들 때문에 전체 분위기까지 혼탁해지는 일이 생길 때 이
를 빗대어 사용되는 속담이다.

우리는 사회적 공동체의 구성원으로 서로가 더불어 살고
있는데 그 가운데에서 어느 한 사람의 잘못된 생각이나 바르
지 못한 언행이 그가 몸담고 있는 단체나 조직의 전체에 바람
직하지 못한 영향을 끼치는 경우가 있음을 종종 볼 수 있다.

썩은 사과 하나가 상자 속에 있는 다른 사과들까지 부패시
키듯이 부정적인 생각과 이기적인 행동은 전파성이 강해서
대부분의 바르고 성실한 사람들의 긍정적이고 건전한 생각에

찬물을 끼얹는 작용을 하게 된다.

이와 같은 일은 우리 주변 사람들이 많이 모이고 참여하는 곳에서는 으레 나타나는 현상으로 보는 사람들의 눈살을 찌푸리게 한다고 할 것이다.

그러므로 이와 같은 일이 없도록 하기 위해서는 인위적 제도에 의해 규제하거나 겉으로 탓하며 제지하기에 앞서 구성원들 각자가 전체적인 분위기와 다른 사람들을 배려하는 이해와 협조의 마음을 가질 수 있는 아량과 인내의 노력이 있어야 할 것으로 본다.

특히나 요즘과 같이 개인 중심적 사회에서 저마다 자기감정이나 주장만 내세우며 누가 뭐라고 하던 내 멋대로 하겠다고 한다면 우리의 사회가 결코 밝고 활기차지 못할 것은 자명한 일이라 할 것이다.

그러므로 서로 얽혀 있는 인간관계에서 각자 자기의 처지와 위치 및 처신해야 할 분위기를 생각하며 자연적인 질서와 예의를 의식하는 최소한의 품위라도 지키려고 하는 노력이 건전하고 발전적인 문명사회를 이루는 길이 될 것이라는 확신을 갖도록 하여야 할 것이다.

나무에 오르라 하고 흔드는 격

●

처음에는 상냥한 표정이나 듣기 좋은 말로 사람을 유인해 놓고 나중엔 위험한 곳이나 불행한 처지로 몰고 간다는 뜻을 비유해서 이르는 말이다.

우선 나무에 오른다는 것은 나무 아래보다 위치적으로 높기 때문에 밑에 있는 사람에 비해 더 멀리 볼 수 있고 바람도 더욱 시원하게 느낄 수 있는 등 좋은 점이 많아 평지에 있는 사람들이 모두 선호하는 자리라는 개념의 전제하에 생각해보겠다.

그렇다면 누구나 오르고 싶지만 여러 가지 여건이 갖추어지지 않아 오르지 못하고 있는 가운데 어느 한 사람을 택하여 부족한 여건을 갖추도록 용기를 주고 유인하거나 지원해서 나무에 오르도록 할 수도 있을 것이다.

그렇게 어려움을 무릅쓰고 나무위의 높은 곳에 오르게 한 뒤 밑에서 나무를 흔들면 나무 위는 남들이 부러워하는 좋은 자리가 아니라 오히려 불안하게 흔들리고 아래로 떨어질 수도 있는 위험에 처할 수 있는 자리가 될 것이다.

그와 같은 일은 평소에 원만하지 못한 관계에 있는 심술궂

한 줄 속담의 여유

은 마음으로 나무에 오르게 한 후 밑에서 흔들어 대는 경우와 다른 한편으로는 어느 가까운 사람을 진심으로 높은 위치의 좋은 자리에 앉히고자 나무 위로 오르도록 도와주었으나 다른 여건이나 시세에 의한 심정의 변화로 나무를 흔들게 되는 경우 등을 생각해 볼 수 있을 것이다.

이와 같은 일은 어디서나 사람이 모이는 곳에서는 흔하게 볼 수 있는 일이라서 단순하게 나무에 오르는 일로 비유되었지만 우리 사회에서는 어느 단체나 조직은 물론 나랏일에서까지 소위 민주주의 방식으로 운영된다고 하는 전제아래 추천이나 선출과정을 거치는 제도에서 자주 나타나는 현상이라고 본다.

물론 우리가 생활하고 있는 현실은 지극히 경쟁적이거나 눈앞의 이익에만 전념하고 사회의 공동이익보다 개인의 권리나 주장을 앞세우려하는 경향이 있지만 최소한 나무에 오르게 한 후 그 나무를 흔드는 식의 신의 없는 행위는 개인이나 어떠한 조직 및 단체에서도 배제되어야 할 것이다.

굴러온 돌이 박힌 돌 뺀다

●

새로 들어온 사람 또는 당초와 달리 형성된 세력이 본래부터 터를 잡고 있는 사람이나 기존의 존재를 무시하며 밀어내고자 하는 힘겨루기 현상을 비유적으로 이르는 말이다.

이와 같은 사안은 우리 주변에서 흔히 볼 수 있는 일로 사회적 갈등의 원인이 될 수도 있기 때문에 사전에 충분한 소통이나 방법 또는 시간적인 조율을 통한 서로간의 이해와 양보 등이 요구되는 일이다.

우리가 살고 있는 세상은 늘 변하고 있고 이러한 변화는 앞으로도 멈추지 않는다는 사실 또한 부인할 수 없는 진리라고 믿어야 할 것이다. 힘들여 터전을 먼저 닦고 자리를 잡았다고 해서 그 터전이나 자리의 유지가 영원할 수는 없고 언젠가는 새로운 사람이나 다른 세력의 도전으로 바뀔 수 있는 변동의 여지가 항상 있다고 보아야 할 것이다.

그래서 본래부터 있던 사람이나 세력은 기득권 유지를 위해 긴장하며 다른 사람들이 넘볼 수 없도록 강한 힘으로 대비하는 노력을 할 것이며 반면에 그 자리를 갖고 싶어 하는 사람이나 세력은 빼앗기지 않으려 버티는 쪽보다 더 많은 공을 들여가며 강한 힘을 기르는 일에 열중하기 마련이다.

이와 같은 현상이 인류역사가 발전해 오는 밑거름이 되고 있다고 볼 수 도 있겠지만 한편으로는 이러한 과정을 거치며 수많은 비극적인 일들이 일어나고 있다는 사실 또한 간과할 수 없는 일이라고 생각된다.

그러니까 밀려나지 않으려고 버티는 돌의 힘과 외부로부터 굴러 들어오는 돌의 힘 사이에는 언제나 대결의 소지가 있기 마련이고 그렇지 않고 똑같이 공존하겠다는 서로의 노력 앞에도 상하, 선후, 또는 호불호의 차이에 의한 다툼이 따르게 되는 자연의 이치를 저버릴 수는 없는 일이다.

그래서 옛부터 이해와 양보라는 개념으로 화합을 강조해오고 있다고 할 수 있겠으나 이 또한 인간들의 무한한 욕망을 억제하기엔 역부족으로 더 많은 상호 이해와 협조 및 평화를 위한 노력이 있어야 할 것으로 생각된다.

뚝배기 보다 장맛이다

●

겉으로 보기에는 보잘 것 없으나 그 내용은 겉모양에 비해 훨씬 좋다는 뜻으로 겉모습보다 속 내용이 우수한 실속 있는 현상을 강조하는 의미가 담겨진 말이다.

원래 뚝배기란 찌개나 탕과 같이 국물이 있는 음식을 담아 불에 끓이거나 조림을 할 때 사용하는 질그릇의 일종으로 같은 그릇이라도 청자나 백자보다 제조 과정에서 공을 덜 드린 옹기그릇이라고 할 수 있는 주방용품이다.

그래서 겉으로 보기에는 빛깔이나 문양 면에서 아름다움이 적게 느껴져 일반적으로 겉모습이 거칠고 손질이나 꾸밈 같은 단장이 매끄럽지 못한 경우에 비유하고 그에 연상되는 물건이기도 하다.

그 한 예로 학교를 다닌다는 외형적 절차와 과정보다는 학교를 다니면서 배우고 익힘으로써 내면적 지식을 취득하고 성숙된 인간으로의 지혜와 역량을 축적하는 것이 더 큰 의미와 가치가 있다고 할 수 있는 경우를 들 수 있을 것이다.

아무리 좋은 옷을 입고 값비싼 화장품으로 치장하거나 선천적인 순수함과 자연스런 모습에 성형수술까지 해가며 얼굴을 꾸민다 해도 속마음이 진솔하지 못하고 내면적인 지식이나 교양이 뒤따라주지 않는다면 속 빈 강정과 같은 허풍선이 소리를 면치 못할 것이다.

우리 사회는 자기 혼자만의 생각이나 뜻대로만 생활하기보다 나 아닌 다른 사람들도 의식해가며 서로가 배려하고 아우르며 살아갈 수 있는 각자의 노력이 필요하다고 본다.

다른 사람이 보는 겉모습을 가꾸는 일도 소홀히 해서는 안 되겠지만 한편으로 내면적 지식이나 교양을 쌓아 속을 채우는 일 또한 게을리 해서는 아니 될 것이라 생각된다.

물론 요즘은 뚝배기도 매끈하고 보기 좋게 만들어지고 있지만 비록 거칠고 볼품없게 생긴 그릇이라 할지라도 그 속에 담겨져 있는 음식의 맛과 질이 좋다면 그 음식의 가치는 높은 평가를 받을 수 있을 것이니 세상의 모든 일 또한 겉 만 보고 미리 예단하는 일이 없어야 할 것이다.

돌부리 발로 차면 발부리만 아프다

●

여기서 부리라고 하면 돌이나 발끝의 뾰족한 부분을 일컫는 말로 보아야 할 것이다. 그러니까 가만히 땅에 박혀있는 돌부리를 발로차면 당연히 걷어찬 사람의 발 만 아프지 무감각한 돌이 아프다고 할 일은 없을 것이다.

즉 쓸데없는 객기로 엉뚱한 곳에 화풀이를 하면 자기만 손해 본다는 것을 비유적으로 이르는 말이다.

또한 사람은 누구나 외부로부터 자극을 받으면 즉각적으로 느껴지는 여러 형태의 감정과 그에 대하여 반사적으로 일어나는 반응의 기능이 작용한다고 볼 수 있다.

그래서 누구를 막론하고 갑자기 놀라운 일이나 분통이 터질 정도로 답답하고 억울한 일들과 마주치면 치밀어 오르는 감정을 억제할 수 없어 쩔쩔매는 순간을 갖기도 한다.

그럴 때 일수록 더욱 침착하고 신중하게 자신의 감정을 조절할 수 있도록 작용하는 것 또한 다른 동물이 갖지 못하는 인간만의 이성적 기능이라 할 수 있을 것이다.

그렇지 못하고 당장 치밀어 오르는 분하고 억울한 감정만 앞세워 이리저리 천방지축을 떨다보면 결국에 가서는 자기

한 줄 속담의 여유

자신의 명예에 손상을 입히고 신체적으로나 재산적으로도 손해가 되는 일을 저지를 수도 있어 뒷날 후회스러움을 피할 수 없게 되기도 한다.

그렇기 때문에 순간적으로 생기는 감정에 의한 화풀이를 자제하고 사리를 분별할 수 있도록 인간은 어릴 때부터 여러 방면으로 교육을 받고 심신을 수련하는 일 또한 소홀히 하지 않는 것이 우리 인간사회에서만 있는 일이라고 하겠다.

당초부터 사람은 공동으로 생활하는 사회적 동물이기 때문에 비록 나 혼자 만의 감정풀이나 행동이라도 다른 사람들에게 영향을 끼칠 수 있다는 생각을 늘 함께하여야 할 것이다.

나 개인의 이익만 생각하거나 내가 좋아서 하는 일인데 다른 사람 의식할게 뭐 있느냐는 식의 사고방식은 결코 밝은 사회와 공동이익에 도움 될 수 없는 이기적인 생각으로 지양하고 개선되어야 할 것이다.

거미는 줄을 쳐야 벌레를 잡는다

●

무슨 일이든 원인이 되는 수고스러운 절차와 노력이 있어야 그에 따른 성과와 보람을 얻을 수 있다는 뜻으로 풀이 된다.

아무런 하는 일도 없이 가만히 거미줄에 매달려 있는 거미에게 모기와 같은 날 벌레가 스스로 날아와 거미의 먹이가 되는 것이 신기하게 느껴질 수도 있는 일이다.

그러나 텅 빈 공간에 거미 나름대로의 각종 어려움을 무릅쓰고 온갖 힘을 다해가며 제 몸속에서 토해낸 거미줄을 그물 엮듯이 늘리는 과정이 있었다는 사실을 미쳐 생각하지 않는 사람들의 오류에 교훈이 되는 말이라고 본다.

비록 하찮은 미물이지만 먹잇감을 구하기 위해 생명을 무릅쓰고 위험과 고통을 가까스로 이겨가며 거미줄 치는 일에 전력을 다하는 거미의 삶을 간과해서는 안 될 것이다.

밑천은 드리지 않고 이윤만 얻으려고 하는 사람들을 비롯해 일자리가 없어 생계가 어렵다 면서도 거칠고 힘들다는 일터에서는 사람을 구할 수 없다는 고충이 만연하는 요즘의 현실에서 과연 편안하고 행복한 미래를 기대할 수 있을까 하는 마음이 그냥 지나치는 기우가 되어서는 안 될 것으로 본다.

한 줄 속담의 여유

이처럼 세상의 모든 일은 원인 없는 결과가 있을 수 없고 그 원인에 이어지는 힘들고 어려운 과정을 거쳐야 그와 같은 노력에 따른 좋은 결과를 얻을 수 있다는 사실은 의심할 수는 없는 진리라 할 것이다.

물론 어려움 없이 편안하게 살고 싶고 힘들이는 노력 없이도 좋은 결과를 얻고 싶어 하는 마음을 가질 수 있음은 누구나 이해 할 수 있는 일이다.

농부가 봄철에 땅을 파고 씨를 뿌리며 땀을 흘리는 노력 없이 어떻게 가을의 결실을 기대할 수 있겠는가.

우리는 가만히 있으면서도 거미줄에 벌레가 날아와 먹잇감이 되어주는 거미의 오늘만 보지 말고 그렇게 되도록 하는 원인을 만들기 위해 진땀을 흘리며 거미줄을 쳐야 했을 어제의 거미도 기억하는 지혜를 가져야 할 것이다.

송아지 못된 것 엉덩이에 뿔 난다

●

어미 소에서 태어난 송아지는 두세 살에 이르면 이마 양쪽에 뿔이 나오기 시작하는데 뿔이 가죽을 뚫고 나오려면 그 부분이 가렵고 아파서 여기저기 아무데나 비비며 머리 짓을 한다고 한다.

그런데 당연히 이마에 나야할 뿔이 엉덩이에서 나오는 비정상적인 일이 있다면 엉덩이가 가려운 송아지는 이리 뛰고 저리 뛰면서 엉덩이를 비비고 흔들어 대는 등 야단법석을 떨어댈 테니 그 모습을 상상해 보면 그야말로 꼴불견이 아닐 수 없을 것이다.

이와 같이 제대로 되지도 못 하면서 엇나가게 방정을 떨며 건방지고 심술 궂은 짓만 골라서 할 때 이를 비유하는 속담이라고 볼 수 있겠다.

송아지 같은 동물이 덤벙대는 것도 그러하거늘 하물며 나름대로 인격을 갖고 있다는 사람이 자기의 주제파악을 못하고 이리저리 천방지축을 떤다면 그 주변이 얼마나 혼탁해지고 보는 사람의 눈살을 찌푸리게 하겠는가.

그렇지만 이 사회에 그러한 사람이 있어 왔기 때문에 이와

한 줄 속담의 여유

같은 속담이 생기었을 것이며 실제로 우리자신이 평소 생활하면서 흔치않게 경험하고 있는 일이라 할 수 있을 것이다.

인간은 어느 때나 서로가 서로를 의식하며 더불어 살아가기 마련인데 그러한 와중에서 주위를 의식하지 않고 자기 잘난체 하면서 아무데나 불쑥불쑥 끼어들며 참견하려는 사람이 있으면 그 주변에서는 눈살이 찌푸려지고 분위기가 혼탁해지기 마련이다.

그래서 사람은 자기 자신을 먼저 생각하며 있어야 할 자리나 물러서고 빠져야 할 때를 구분할 수 있는 분수와 주제의 파악이 필요하다고 할 것이다.

물론 여기에 나오는 못되다는 말의 실체는 겉으로 나타나는 송아지 형상의 모습이 아니라 인간이 지니고 있는 내면적인 품격과 소위 눈치와 체면을 구분할 수 없는 상태의 주체를 두고 하는 말로 보아야 할 것이다.

앉은 자리에 풀도 안 나겠다

●

사람이 몹시 깔끔하고 냉정해서 한번 상대하고 난 후로는 더이상 미련이나 여운을 갖게 하지 않을 정도로 인정이 없거나 인색하고 야박한 사람을 비유하는 말이라고 보겠다.

보통사람의 몸무게로 풀 위에 앉았다고 해서 풀이 생존할 수가 없다는 일은 상상하기조차 어려운데 굳이 이렇게까지 비유한다는 것은 그 사람이 지독하게 인색하거나 쌀쌀맞아 두 번 다시 만나보고 싶지 않을 정도로 야멸치고 몰인정한 느낌을 주는 성격의 소유자라는 그림이 떠오르게 된다.

우리는 세상을 살아가면서 서로 다른 모습이나 성격을 가진 많은 사람들과 만나서 나름대로의 관계를 맺어가며 생활하기 마련이라 각양각색의 만남으로 다양한 인상이나 느낌을 주고받게 된다.

그런데 앉은 자리에 풀도 안 날 정도의 고약한 인상이 들게 하는 사람은 대체적으로 자기 주장이나 고집만 갖고 상대방의 말이나 의견은 전혀 용납하지 않는 사람이나 또는 자기 재산이나 재물을 지나치게 아끼는 짠돌이면서 공것이라면 누구에 뒤질세라 앞장서는 사람을 일컫는다고 보아야 할 것같다.

한 줄 속담의 여유

세상에 자기 재산이나 생각을 소중하게 여기지 않는 사람이 어데 있으랴만 우리가 살고 있는 사회가 서로 의지하고 협조하며 공동으로 생활하도록 구성되어 있기 때문에 나 혼자만의 이익만 생각하기 보다는 양보도 하고 내가 갖고 있는 지식이나 재산을 나누고 베풀기도 하는 훈훈한 사회구현을 위한 각자의 노력이 요구되는 실정이라고 보아야 할 것이다.

물론 극심한 생존경쟁의 현실에서 아끼고 절약하지 않고 베풀기만 하면서 각종의 경쟁이나 다툼으로부터 자신을 지키며 살기란 매우 어려운 일일테니 스스로 조절하는 중용의 슬기와 지혜를 기르는 생활이 뒤따라야 할 것이다

고와도 내 님 미워도 내 님

●

'님'이라는 말(접미사)은 임금이나 부모 또는 스승 등을 존경하는 뜻에서 사용되기도 하지만 여기서는 편의상 부부나 배우자 등과 같이 서로가 좋은 정을 나눌 수 있는 사람들을 생각하면 이해가 빠를 것으로 본다.

부부가 평생 생사고락을 함께 하며 살아가기로 다짐하고 결혼을 하였으면 살아가는 과정에서 어떠한 장애가 있더라도 극복할 수 있도록 서로 협력하고 이해하면서 살아야 한다는 뜻을 갖는 속담이라 할 것이다.

물론 그와 같은 약속과 결정을 하기 위해서는 사전에 충분한 대화와 고민을 해가며 일생을 함께 할 수 있을지를 면밀하게 심사숙고하는 과정이 전제되어야 할 것이다.

그러한 과정을 거치며 일생을 함께 하겠다는 굳은 신념과 하늘이 맺어주는 배필이라고 확신한다면 겸허히 받아들이는 결단이 필요하다.

그런 다음에는 각자에게 있는 흠이나 잘못을 의식하지 말고 그야말로 '고와도 내 님이고 미워도 내 님'이니 설령 곱지 않은 일이 있더라도 당연히 내가 감내하여야 하는 일이라 생

한 줄 속담의 여유

각하며 살아야 한다는 말이 되겠다.

이 속담은 동양의 전통문화에 뿌리를 둔 개념에서 나온 말이겠지만 그렇게라도 한번 맺은 부부 인연이 죽을 때까지 함께 해로(偕老)할 수 있다면 이 또한 건전하고 바람직한 일이 아닌가 하는 생각도 갖게 된다.

물론 요즘은 개인의 편의가 가정의 소중함보다 앞서는 경향으로 흐르고 있어 비혼이나 독신 생활을 주장하는 등 배우자와 자녀들이 함께하는 가족의 소중한 생각조차 희박해지는 실정이다.

뿐만 아니라 하늘에 맹세하고 결혼한 부부 사이도 약간의 문제만 있으면 헤어지기를 서슴없이 하는 사회적 분위기이지만 그래도 일단 결혼을 하고 부부의 연을 맺었으면 이해하고 인내하는 노력으로 모든 장애를 극복한다는 마음을 늘 새롭게 하여야 할 것이다.

그런 뜻으로 볼 때 상대가 더러는 싫어지고 환멸스럽게 느껴질 때가 있더라도 처음 약속한 마음을 굳게 지키는 초지일관의 절개와 지조가 우리 사회를 바르게 이어가는데 크게 도움이 될 것이라고 생각된다.

팔십 노인도 세 살 먹은 아이한테 배울 것이 있다

●

사람은 누구나 배움에 끝이 없다는 뜻에서 팔십 평생을 살면서 배우고 익혀온 지혜나 지식이 많은 노인이라 할지라도 세 살 밖에 안 되는 어린 아이의 말에 귀담아 들을 일도 있을 수 있다는 말이다.

하루도 멈추는 일이 없이 바뀌고 변하는 세계에 몸담고 있는 우리 인간은 태어나면서부터 날마다 새로워지는 시간에 적응하기 위해 잠시도 쉬지 않고 변하는 환경에 맞춰가며 살아야 한다. 그와 같은 변화를 의식해가며 새롭게 전개되는 사실을 알려고 하는 삶의 자세가 바로 배움을 추구하는 일이라 하겠다.

그러니까 배움이란 어떠한 교과서적인 학문을 목적으로 하는 지식의 확보뿐 아니라 보통 사람들의 평상적인 생활에서 모르는 사실을 깨닫고 알아가는 과정이라는 생각을 해본다.

각자 다른 개성과 인식의 차이에서 일어나는 지식이나 지혜의 교환을 통해 새로운 사실을 알 수 있는 배움의 활동은 생명이 존재하고 있는 동안은 계속되어야 할 것이다.

그러나 우리의 일상생활은 대부분 비슷한 일들의 반복이라

한 줄 속담의 여유

나이가 많아지고 경험이 쌓일수록 기존의 지식이나 경험을 고집하면서 귀찮고 힘들게 새로운 것을 찾아 변화를 시도하려는 수고로움을 기피하려는 경향이 있어 소위 꼰대나 옹고집 소리를 듣게 된다고 보겠다.

그래서 나이 먹고 늙어가면서도 새로운 사실을 알고 배우려는 자세가 높이 평가되고 있다고 본다. 더욱이 요즘과 같이 급변하는 신문물 시대에는 각종 기기의 취급이나 폭 넓은 정보를 습득하는데 노인들은 뒤처지기 마련이라 오히려 어린이나 젊은 사람들한테 더 많은 것을 배워야 하는 세상임을 간과해서는 안 될 것이다.

배움에는 귀천이나 젊고 늙음이 있을 수 없을 뿐 아니라 부끄러워할 일이 아니고 배우고자 하는 그 마음과 용기 자체가 자랑스럽고 존중되어야 할 일이라고 생각한다.

질러가는 길이 돌아가는 길이다

●

급하다고 서두르다 보면 오히려 더 늦거나 부실해질 수 있으니 늦더라도 제대로 된 절차와 과정을 거르지 말고 차분한 마음으로 정해진 코스를 밟아야 함을 일깨우는 교훈적인 속담이라 하겠다.

여기의 질러가는 길이란 지름길, 그러니까 기존의 길보다 빠르고 가까운 샛길을 이른다고 볼 것이니 분명히 먼 길을 돌아가는 것보다 빠르고 쉬운 일이겠지만 그렇게 하는 것이 꼭 좋은 결과만 보장할 수 없는 것이 세상일이라 이와 같은 속담이 나왔을 것이라고 본다.

실제로 급하다고 서두르며 빠른 길만을 찾다가 오히려 더 늦어지거나 낭패를 보게 되어 후회스러워지는 경험을 누구나 갖고 있을 것이다.

우리가 무슨 일을 하던 간에 쉬우면서도 빠르게 하고자 하는 마음은 대부분 사람들이 갖는 기본적 심리작용이라 하겠다.

또 그렇게 함으로써 다른 사람들보다 앞서고 우월해지는 사람을 주변에서 흔히 볼 수 있고 그럴 때마다 그들처럼 민첩

한 줄 속담의 여유

한 재주나 능력을 갖지 못했다는 열등의식도 느끼게 된다.

그러나 이 세상은 거부할 수 없는 자연의 힘으로 운행되는 질서가 있고 인간들은 그 질서의 한계를 도외시 하며 살기는 어렵다고 보아야 할 것이다.

그 질서가 바로 한 계단 두 계단씩 순서와 절차를 따라 오르는 것이지 한 번에 두 계단 세 계단씩 건너뛰는 것이 아니고 그 질서에서 벗어나려면 그에 상당한 부작용이나 위험 부담이 뒤 따른 다는 사실을 감안하지 않을 수 없다.

그러한 생각 없이 성급한 욕심이나 얄팍한 재주를 믿고 절차나 한계를 무시하면서 서두르다가는 조금 늦어지는 것보다 오히려 더 큰 낭패를 보게 될 수도 있다는 사실은 누구도 부인할 수 없는 일이다.

세상일은 다양하고 사람마다 살아가는 방식 또한 제 각각이라 남보다 앞서겠다는 욕망이나 새로움을 모색하는 모험이 사회 발전에 기여할 수도 있겠지만 그에 따른 부작용이나 실패가 없는 정상적인 절차와 안전 또한 가볍게 넘겨서는 안 됨을 강조하는 뜻이 이 속담의 기본 취지가 아닌가 하는 생각을 갖게 된다.

흘러가는 물도 떠주면 공이다

●

비록 작고 하찮아서 그냥 지나치기 쉬운 일이라도 남을 생각하는 마음으로 도와주면 은혜로운 일이고 공덕(功德)을 쌓는 선행(善行)이 될 수 있다는 뜻이라 하겠다.

여기서 말하는 공이란 착하고 바른 일을 하여 쌓아지는 업적이나 어진 덕(德), 그러니까 힘들이고 노력하여 이루어지는 성과나 공적 등으로 이해하여야 할 것이다.

공덕이란 주로 불가(佛家)에서 사용되는 말로 승려나 신도들이 착하고 좋은 일을 많이 하여 더 좋은 다음 세계를 보장받기 위한 선행을 실천하는 일이라 볼 수 있겠다.

그러니까 흘러가는 물을 떠주는 것은 누구나 크게 힘들이지 않고 쉽게 할 수 있는 일이지만 그 물이 필요하면서도 나름대로의 이유나 사정 때문에 그냥 지나쳐 가려는 사람의 입장에서는 분명히 조금이라도 고마움을 느끼지 않을 수 없을 것이다.

그와 같이 착한 일이란 가시적인 규모나 절차 등에 구애됨이 없이 아쉽고 어려움에 처해 있는 사람에게 조금이라도 위안이 될 수 있도록 조용히 베풀어주는 진실 되고 따뜻한 마음

한 줄 속담의 여유

에서 이루어지는 일임을 강조하는 뜻이라고 할 수 있겠다.

요즘처럼 남을 돕고 착한 일을 한다는 가시적 행위로 요란을 떠는 사람들로 인해 정성이 담긴 내면적 도움이 못되고 형식과 자랑의 외형적 공이 우선하는 사회로 도움의 의미가 왜곡되고 있음은 안타까운 일이다.

더욱이 일부에서 도움이라는 가시적 행위를 통해 자기 과시나 지명도를 높이려는 선행사진 마련에만 급급해하는 모습은 많은 사람들의 눈살을 찌푸리게 하는 일들로 결코 바람직하지 않은 일이라 하겠다.

그래서 진실에 의한 온정이 베풀어지기를 바라는 일부 종교인이나 성인들은 남을 돕는 착한 일을 할 때 오른손이 하는 것을 왼손이 모를 정도로 조용하면서도 따뜻한 사랑과 자비로운 마음으로 이루어져야 함을 강조하고 있다고 본다.

도움을 받는 입장에서도 남들 모르게 조용히 베풀어지는 도움에서 보다 두터운 고마움을 느끼지 겉치레적 인사만 앞세우는 외형적 선행의 고마움은 결코 그 마음이 오래가지 못할 것이라 생각된다.

제 코도 못 씻는 게 남의 부뚜막 걱정한다

●

제 얼굴에 묻은 콧물도 못 씻을 정도로 자기가 하여야 할 일
은 못 하면서 다른 사람 일에는 빠지지 않고 이리저리 오지랖
넓게 간섭하려는 사람의 어쭙잖은 행태를 꼬집어 비난하는
말이라 하겠다.

내가 있어야 남도 있고 내가 있으므로 해서 세상 만물이 존
재 할 수 있다는 사실은 결코 새삼스러운 일이 아니다.

그래서 내가 존귀한 존재이고 내가 내 삶의 주인공임을 모
두가 깨우치도록 하기 위해 세계 4대 성인 중 하나인 석가모
니 부처님은 태어나면서 "하늘 위와 하늘 아래 내가 오직 존
귀하다(天上天下 唯我獨尊, 천상천하 유아독존)"라고 했다는 말
이 불가에 전해오고 있다.

이처럼 세상의 모든 일은 오로지 나 자신에게서 시작되기
때문에 일상의 생활에서 일어나는 일들도 나부터 추스르고
주변과 이웃을 살피는 것이 정상적이고 바른 삶의 길이라 할
수 있을 것이다.

그런데 제 발등에 떨어지는 불도 못 끄는 주제에 다른 사람
의 일에 끼어들어 참견하려는 사람들이 있기 때문에 이와 같

한 줄 속담의 여유

은 속담이 나오게 되었다고 본다.

일반적으로 자기가 갖추어야 할 한 인간으로써의 필수적이고 기본적인 일들은 추슬러가며 봉사도 하는 것이 상식이 통하는 보편적인 생활 자세일 것이다.

누구나 자기의 분수를 알고 자기에 맞는 생활을 해야지 제 자신의 분수와 주제 파악도 못하고 다른 사람의 삶에 편승해 한 몫을 차지하려는 생활 자세는 결코 바람직하지 못할 뿐 아니라 좋은 결과를 기대할 수도 없는 일이다.

사실 자기 얼굴에 붙은 코와 남의 부뚜막은 그 모양새로 보나 쓰임새로 보거나 아니면 그 거리감에서 상징되는 의미로 보나 가히 비교될 수가 없을 정도로 서로 다른 개념이지만 이렇게 비유해가며 나타내고자하는 속담의 묘미가 우리의 마음 속으로 새롭게 각인됨을 느낄 수 있다고 할 수 있겠다.

벼슬은 높이고 마음은 낮추어라

●

이 말은 단순한 속담이라기보다는 예로부터 스승이나 어른들이 젊은 사람들의 가슴에 새겨두고 경계(警戒)할 수 있도록 이르는 격언이나 잠언(箴言)*이라고 할 수 있겠다.

유교문화의 영향권에 있는 우리나라는 특히 조선시대부터 양반이나 서얼(庶孼)** 등 신분에 차별을 두고 과거시험에 응시하거나 벼슬하는데 제한을 많이 하는 평등하지 못했던 지난날의 사실을 잊지 못할 것이다.

이와 같은 차별의식이 요즘까지도 이어지고 있어 심지어는 흙수저나 금수저 등의 사회구조에 대한 풍자와 비난 현상으로 나타나고 있다는 생각을 하게 된다.

어쨌든 이와 같은 사회 환경 속에서 많은 사람에게 영향력을 행사하며 벼슬을 하거나 권세를 부릴 수 있는 자리에 앉으면 으레 거드름을 피우거나 목에 힘을 주며 약한 사람들 위에 군림하려는 사람들이 많이 있었음은 숨길 수 없는 우리의 역사적 현실이라 하겠다.

더욱이 일제의 식민지 정책에 편승하여 그 앞잡이 노릇을 하는 일부 관리들에 의한 백성들의 탄압은 관리나 벼슬이라

한 줄 속담의 여유

는 이미지 자체가 피압박계층의 저항이나 증오의 대상이 될 정도로 지난날의 쓰라린 역사를 우리는 기억하고 있다.

그래서 벼슬을 하여 많은 권력을 손에 쥘수록 겸손하고 벼슬하기 전의 낮은 자세로 뒤돌아보게 하는 마음을 권세와 힘을 가진 자들의 기본 덕목으로 삼을 수 있도록 사회가 요구하며 그러한 방향으로 이끌어가는 노력이 계속되고 있다.

물론 벼슬에도 많은 계층이 있고 사람의 욕심은 무한하기 때문에 일단 벼슬길에 나가면 점차 더 높은 자리에 오르고 싶은 것은 당연하고 또 그러한 노력이 개인이나 사회가 발전할 수 있는 계기가 될 것임은 예나 지금이나 변함없는 사실이다.

그러나 벼가 이삭이 여물수록 고개를 숙이듯이 벼슬이 높이 되고 힘이 강해질수록 마음은 더 낮은 자세로 보다 많은 사람들이 우러러 보면서도 친근하게 느낄 수 있는 처세와 덕망이 쌓아지도록 하는 풍조와 노력이 계속되어야 할 것이다.

*
箴言 잠언
훈계나 교훈이 되는 짧은 말
**
庶孽 서얼
본처가 아닌 첩에서 난 자식과 그 자손

들으면 병이요 안 들으면 약이다

●

모르고 지내면 그냥 넘길 수 있는 일인데 알고 난 후에는 근심과 걱정으로 이어지는 일들을 우리는 일상생활에서 가끔씩 경험하게 되는데 이럴 때는 누구나 차라리 모르고 지냈으면 하는 생각을 갖게 된다.

비슷한 뜻을 가진 '아는 것이 병이다' 또는 식자우환(識字憂患)이라는 말이 있다.

글자를 아는 것이 도리어 걱정과 근심을 사게 된다는 뜻이지만 한편으로 무엇이든지 알려면 정확하고 확실하게 알아야지 똑바로 알지 못하면 그 앎으로 인해 오히려 걱정거리가 생기고 불리하게 작용하여 화를 자초할 수 있다고 할 수도 있겠다.

사람은 처음부터 서로가 각자의 생각이나 지식을 나누며 더불어 공동생활을 하는 사회를 이루도록 되어 있다고 할 것이다.

그러기 위해서 각기 다르게 지니고 있는 지식이나 정보를 교환하는 작용이 쉬지 않고 이루어지는 나름대로의 인간관계를 통해 친소(親疏)간의 소식이나 각종 정보를 나누게 된다고

한 줄 속담의 여유

하겠다.

그렇게 얻어지는 앎은 세상을 살아가는데 있어 기본적인 토대가 되고 생활의 힘이 되기 때문에 누구나 보다 넓고 많이 알기 위해 체계적인 교육을 비롯해 많은 공부와 수련의 과정을 거치며 살기 마련이다.

그러나 세상은 상반되는 청탁(淸濁)이나 선악이 함께 존재하고 있어 평소에 지니고 있는 지식이나 정보가 우리에게 유리하게만 작용하지 않고 그 반대로 작용할 수도 있는 것이 자연의 이치라고 할 수 있을 것이다.

이러한 일이 경우에 따라서는 개인은 물론 사회적으로 크게 물의를 일으키거나 온 나라가 혼란스러울 정도의 환란으로 확대되는 사례가 있었음을 지나온 역사에서 찾아볼 수 있는 사실이다.

더욱이 요즘처럼 각 분야에서 다양한 정보가 넘치는가 하면 유튜브나 소셜미디어 등을 통한 가짜 소식이 난무하는 사회에서 정확하지 못한 지식이나 정보는 소위 보이스 피싱 등과 같은 사기의 대상이 될 수도 있음을 유의하여야 할 것이다.

고양이 죽는데 쥐 눈물만큼

●

쥐와 고양이는 천적(天敵) 관계로 쥐의 처지에서 보면 고양이는 그야말로 원수 같은 상대일 텐데 고양이가 죽었다고 슬퍼하면서 눈물 흘리는 쥐가 어디에 있겠는가.

고양이의 죽음을 가엽고 딱하게 여기는 쥐가 있을 리 없다는 사실에 비유한 이 속담은 아예 없거나 있더라도 매우 미약한 경우를 이르는 말이라 하겠다.

그러니까 지나치게 인색하고 박정함을 느낄 때 자신도 모르게 나오는 말이 될 것이다.

사람의 인색함은 본래부터 타고난 천성일 수도 있겠지만 그 보다 일상생활에서 보이는 개별적인 성품이나 생활습관을 다른 사람들에 의해 평가 받는 인물평의 한 부분이라고 할 수도 있을 것이다.

대체적으로 강자가 약자에게 또는 부자가 가난한 사람을 대하는 과정에서 후덕하고 인정이 많다거나 또는 인색하고 박정하다는 말을 듣게 되는데 그 가운데 인색함이 지나칠 정도로 보잘 것 없고 야박스러우면 이렇게 표현할 수 있는 속담이라 할 수 있겠다.

한 줄 속담의 여유

어렵게 살던 지난시절에는 당장의 생계를 위해서라도 여유 있는 이웃이나 친척 등 남들에게 도움을 요청하는 일이 흔히 있었다.

물론 요즘에도 어려운 이웃이나 불우하고 딱한 사람을 돕는 일이 있지만 대부분 종교적 활동이나 사회적 봉사로 전개되지만 예전에는 그렇지가 못해 개인적인 친분이나 단순한 동정(同情) 등에 의존했기 때문에 그 결과에 따른 고마움이나 서러움은 개인이 직접 느끼고 겪어야 했을 것으로 생각된다.

온갖 부끄러움이나 창피스러움을 무릅쓰고 어렵게 도움을 청했을 때 야박하게 거절당하거나 가까스로 도와주는 척하며 생색만 내려고 하는 사람들이 있었기에 이와 같은 속담이 나왔을 것이다.

물론 도움을 주는 입장에서도 나름대로의 이유와 사정이 있겠지만 도움을 받는 처지에서는 상대방의 마음가짐에 따라 작으면서도 크게 느껴지거나 비록 겉으로 크고 많을지언정 마음 속으로 박정하게 느껴지는 경우도 있을 것이다. 분명한 것은 많고 적음보다 주고받는 사이의 진실한 마음의 작용이 크다고 할 것이다.

내리사랑은 있어도 치사랑은 없다

●

부모가 자식을 사랑하는 만큼 자식이 부모를 생각하며 효도하기는 쉽지 않다는 뜻으로 손윗사람이 손아랫사람을 아끼는 마음에 비해 아랫사람이 윗사람을 받들고 섬기는 일이 용이하지 않음을 일컫는 말이라 하겠다.

여기서 내리 사랑이란 부모와 같은 손윗사람이 자식과 같은 아랫사람을 보살피고 사랑하는 마음이고 치사랑이란 반대로 아랫사람이 손윗사람, 즉 자식이 부모를 공경하며 효도하는 마음이라 하겠다.

한편으로 손윗사람으로서의 마음가짐과 아랫사람으로서의 마음가짐이 서로 다름을 이해하고 너그럽게 생각할 수 있는 여유와 아량을 갖게 하는 측면으로 풀이할 수도 있다고 본다.

모든 생물이 그러하겠지만 특히 만물의 영장이 되는 인간으로서의 부모는 그야말로 모든 것을 자식들한테 다 주어도 아깝지 않다는 기본적인 마음의 내리사랑을 베풀고 있는 반면에 자식이 감당하는 치사랑은 부모가 주는 내리사랑을 전제로 생각하게 되는 경향이 우선하고 있다는 실상을 묵과해서는 안 될 것이다.

한 줄 속담의 여유

이 세상은 순환하는 자연의 법칙에 따라 잠시도 멈추지 않고 변화하고 있어 사람이 태어나고 자라서 부모가 되는가 하면 곧이어 늙어가며 묵은 세대가 되어 병들고 마침내는 생을 마감하기 마련이다.

때문에 언제나 새로운 사람과 새로운 세대에 더 큰 관심과 애착을 갖는 것 자체가 우리 사회의 발전과 변화를 이끌 수 있는 역할이라는 긍정적인 생각을 가져야 할 것이다.

더욱이 요즘과 같이 사회가 가시적이고 물질적으로 치중하다보니 부모는 온갖 고통과 희생으로 자식을 위해 헌신하지만 자식은 그와 같은 부모의 노고를 기억하기 보다는 당면한 생존경쟁에 주력하느라 지난날 있었던 부모의 은공이 뒷전으로 밀리는 현상이 흔하게 이어오고 있다고 할 수 있겠다.

그래서 옛부터 효(孝)를 인간의 기본 덕목으로 생각하며 어려서부터 조상을 섬기고 부모의 은혜를 잊지 않는 효 사상을 강조했던 것이라 생각된다.

뒷간에 갈 적 맘 다르고 올 적 맘 다르다

●

상황에 따라 달라지는 사람의 마음을 지적하는 말로 뒷간이
란 요즘의 화장실인데 볼일이 급해 화장실을 찾아갈 때와 일
을 마치고 나서의 개운해진 상태를 비교해서 인간 심리의 변
덕스러움을 꼬집는 속담이라 하겠다.

사람의 마음이 언제나 한결같기를 바라는 우리는 적어도
그렇지 않음으로 인해서 그러니까 수시로 변하고 달라지는
사람들로 인해 내심적으로 불쾌했거나 물질적인 손해 등을
경험했기 때문이라고 본다.

그래서 신뢰할 수 없는 사람들은 사회를 혼탁하게 하고 믿
음과 일편단심을 기대했던 많은 사람들을 실망하게 하는 요
인으로 작용하고 있다고 하겠다.

그러나 한편으로 사람의 마음이 변화가 없고 오직 한마음
으로만 지속된다면 분명히 그로 인한 또 다른 부작용이 생길
수도 있다는 사실을 결코 가볍게 간과해서는 안 될 것이다.

다만 서로가 어울리며 생활하는 공동체 생활에 필수적으로
수반되는 인간관계가 믿음과 신의를 기반으로 형성되고 유지
되어야 공동사회 기능에 보다 충실해질 수 있다는 확실한 사

한 줄 속담의 여유

실만은 세월이 바뀌어도 달라지지 않을 것이라 믿는다.

실제로 우리가 일상생활을 하면서 자신이 아쉽고 긴박할 때는 친분이나 모든 인연을 다 끌어다 붙여가며 세상에서 가장 가까운 사이인 양 애걸복걸하다가도 다급했던 사정이 끝나고 나면 언제 그랬느냐는 식으로 안면을 바꾸는 얄팍한 인심은 선거를 치르면서 자주느끼는 일이라고 할 수 있을 것이다.

물론 그러한 일이 없도록 많은 교육과 사회적 노력도 끊임없이 이루어지고 있다고 볼 수 있겠지만 쉽사리 개선되거나 정착되지 못하는 실정이라 하겠다.

오죽해야 일관성 있고 흔들림 없도록 사람의 마음을 보증하기 위한 제도적 장치로 보증보험까지 생겨 많은 기능과 역할을 하고 있음은 만물의 영장인 인간으로써 부끄러운 현실이라는 생각도 들게 한다.

믿음과 신뢰가 기본이 되어 사회기강이나 개인적 신용이 더욱 공고해지는 사회구현을 위한 더 많은 노력이 요구되는 때라고 생각된다.

삼정승 부러워 말고 내 한 몸 튼튼히 가지라

●

지나친 욕심 때문에 건강을 해치거나 바른 행실을 저버리는 일이 있어서는 안 된다는 뜻으로 사람은 언제나 자신의 건강을 지키며 정의와 분수에 합당하게 살아야 한다는 교훈적인 말이라고 할 수 있겠다.

사람이 건강하고 튼튼한 몸을 갖기 위해서는 건전한 정신 상태에서 우러나오는 바른 행실에 의한 기본적 생활자세가 밑받침되어야 할 것이다.

삼정승이란 조선시대 최고위층의 관직으로 영의정 우의정 좌의정을 일컫는데 오늘날의 국무총리와 부총리에 맞먹는 벼슬자리 또는 그 자리에 있는 사람을 지칭하는 말이다.

임금은 세습제였기에 왕족의 혈통이 충족되어야 하므로 아무나 넘볼 수 있는 자리가 아니라고 본다면 일반 백성들이 탐내거나 선망하는 최고의 벼슬자리가 삼정승이고 그 중에서도 영의정이라 할 수 있을 것이다.

이와 같이 모든 사람들이 부러워하고 선망하는 높고 귀한 자리도 내 몸이 건강하지 못해 맡은 일을 온전하게 수행하지 못할 정도라면 어쩔 수 없이 물러나야 할 테니 세상에 아쉬울 것 없는 부귀영화를 누릴 수 있다는 정승자리도 건강한 내 한 몸만 못하다는 사실을 잊지 말아야 할 것이다.

생존하는 세상의 모든 만물이 그 생명을 유지하기 위해서는 그 생명체가 원활하게 활동할 수 있는 그 나름대로의 건강을 지키고 유지하는 일이 으뜸이 될 것이다.

누구나 건강을 잃으면 혈연으로 맺은 부모형제를 비롯해 아무리 가까운 친구나 사랑하는 사람도 그 건강을 대신해 줄 수 없는 일이다.

그래서 왕후장상의 자리나 천하에 제일가는 금은보화라도 내 한 몸의 건강과는 바꾸어 질 수 없는 일이기에 살아있는 동안 건강을 잃고 단순하게 생명만 유지하는 안타까운 삶이 되지 않도록 평소에 건강을 지키는 노력을 소홀히 해서는 안 될 것이다.

그러니 아무리 성공적인 결과로 세상에 이름을 떨치는 일이라도 내 한 몸의 건강이 밑받침되고 따라주어야 한다는 평범하고도 중요한 진리를 잊지 말아야 할 것이다.

망신하려면 아버지 이름자도 안 나온다

●

평소에 거침없이 잘 되던 일이 어느 순간 갑자기 막히고 쉽게 풀리지 않아 주변의 비웃음을 받게 되는 경우를 이르는 말이다.

"안되려면 뒤로 넘어져도 코가 깨진다"는 말과 비슷한 뜻으로 보아도 될 것 같다.

뒤로 넘어지면 당연히 뒤통수가 부딪쳐 다치게 될 일인데 얼마나 재수가 없기에 앞에 있는 얼굴의 코가 깨지겠는가.

누구나 아버지 이름은 어릴 적부터 듣고 익혀서 머릿속에 각인되어 잊히지 않을 것임에도 어쩌다 누군가 아버지의 이름자를 묻는데 갑자기 생각이 나지 않아 우물쭈물하는 모습을 상상할 수 있을 것이다.

그렇게 되면 필경 저 사람은 제 아버지 이름도 모른다는 소리를 듣게 될 테니 얼마나 부끄럽고 망신스러운 일인가.

물론 나이가 들면서 기억력이 쇠퇴해지고 건망증상이 나타나는 경우와는 다른 측면에서 나오는 말이라고 보아야 할 것이다.

우리가 흔히 말하는 유구한 세월에 비해 사람의 한 평생이

한 줄 속담의 여유

매우 짧은 순간이라고 하는데 그 짧은 삶의 순간 중에서도 각양각색의 다양한 일들을 겪으면서 살아가는 것이 우리네 인생이라고 본다면 그 삶 자체가 수많은 희로애락의 연속이라고 할 수 있을 것이다.

내내 잘되던 일이 어느 순간 갑자기 뒤틀리고 꼬이기도 하여 낭패스러워 할 때가 있었음을 누구나 경험하였을 것으로 본다.

그래서 그러한 일들을 사전에 예방할 수 있는 지혜와 슬기를 기르기 위해 어려서부터 교육과 수련을 거치며 평상시에 소위 넋을 놓거나 마음이 해이되지 않는 생활을 추구해야 될 것이라 생각된다.

한편 물질문명의 급격한 발전에 따르는 복잡한 의식구조에서 혼란스러움과 지나친 긴장의 연속으로 동물적 본능에 의한 최소한의 여유조차 누릴 수 없는 현실상황에 의해 발생되는 현상이 아닌가 하는 의구심도 가져본다.

지척의 원수가 천리의 벗이라

●

평소에 가깝게 지내던 사람도 멀리 떨어져 자주 만날 수 없게
되면 이웃에 살면서 원수같이 지내는 사람이나 마찬가지라는
뜻으로 풀이된다.

반면에 멀리 있어 만날 수 없는 벗 보다는 원수 같은 사이
라도 가까이에서 자주 만나다보면 더러는 말이나 뜻이 소통
될 수 있다는 뜻으로 풀이해 볼 수도 있을 것이다.

가까운 남이 먼 일가보다 낫다는 말이나 이웃사촌과 같은
말과 그 맥을 같이하는 속담이라 할 수 있겠다.

사람은 어떤 사이로 지내던 자주 만나고 접촉하게 되면 자
연히 미운 정이나 고운 정에 의해 서로 얽혀지기 마련이다.

다시는 만나지 않겠다고 고개를 돌렸던 사람도 어쩔 수 없
이 자리를 함께하는 경우가 생기거나 반면에 하루라도 만나
지 않고는 넘길 수 없을 정도로 가깝게 지내던 이웃이 우연하
게 서로가 뜨악하거나 소원해질 수도 있는 것이 사람 사이의
관계라 하겠다.

실제 혈연으로 맺어진 부모형제들이라도 타국 만리 먼 곳
에 떨어져 있으면 예상치 못했던 급한 일이 닥쳤을 때 서로가

한 줄 속담의 여유

마음만 태울 뿐 바로 찾아 볼 수는 없을 것이다.

그러나 비록 평소에 소원하게 지내는 이웃일망정 최소한의 인간적이고 사회적인 관계에 따라 상대가 위급함에 처하면 대처하고 도움이 되어 줄 수 있음은 누구도 부인할 수 없는 긍정적인 생각이라 할 것이다.

그래서 직장과 같은 일터에서는 같이 일하는 동료를 잘 만나야 하고 주거 생활공간인 집에서는 이웃을 잘 만나야 한다는 말이 세간에 나돌고 있다고 하겠다.

특히 요즘처럼 공동주택에서의 층간소음으로 인한 충돌이나 옆집사람도 모르는 고독사 등이 심각한 사회문제로 대두되고 있는 현실에서는 서로의 양보와 이해에 의한 인간적 유대감이 강화되는 사회 분위기가 아쉬운 실정으로 개선되어야 할 것이다.

그러나 일부에서 지나치게 개인적인 편익과 향락의 추구에 집중하다 보니 더불어 살고자하는 인간관계가 소홀해지고 오직 자기 혼자만의 생활이 삶의 전부인 것처럼 생각하는 경향이 늘어나고 있음은 결코 바람직하지 못한 일이라고 생각된다.

아무리 바빠도 바늘허리에 실 매어 쓰지 못한다

●

모든 일에는 그 나름대로 갖추어야 할 격식과 순서가 있기 마련이어서 그 순서와 절차를 거쳐야지 바쁘다고 조급한 마음으로 차례와 과정을 무시하고 마구잡이로 일을 성사시킬 수는 없다는 뜻의 속담이다.

보통 가늘고 길며 끝이 뾰족한 모양으로 예리하고 날카로움의 상징이 되는 바늘은 그 한쪽 끝에 바늘귀라고 하는 작은 구멍이 있어 그 구멍에 실을 꿰어서 바느질을 하거나 낚시 바늘로 사용하기도 하는데 문제는 그 바늘귀가 되는 구멍이 작아서 실을 꿰기가 쉽지 않다는 것이다.

그래서 시력이 나빠 눈이 침침하거나 겨울 낚시하느라 손이 꽁꽁 얼었을 때는 바늘귀에 실 꿰기가 매우 어려워지는데 그렇다 하더라도 바늘의 중간허리에 실을 묶거나 매어서는 절대로 사용할 수 없고 아무리 어렵고 느리더라도 반드시 바늘 끝에 있는 구멍에 실을 꿰어야만 바늘의 본래기능을 할 수 있기 때문에 이와 같은 비유가 생긴 것으로 본다.

세상을 살다보면 누구나 예상치 못하게 긴급한 일을 당해서 허겁지겁하며 당황스럽게 일의 갈피를 잡을 수 없을 때가

한 줄 속담의 여유

있을 수 있다.

그러할수록 침착한 마음으로 여유를 찾아가며 차근차근하게 그 일에 맞는 순서와 이치를 생각하며 풀어가야지 급한 마음만 앞세우고 절차와 과정을 무시하며 억지로 해결코자 허둥대다가는 오히려 더 늦어지고 낭패스러워질 수 있음을 유의 하여야 할 것이다.

요즘은 모든 생활이 급속하게 발전되어 손으로 직접 바느질 하는 일이 별로 없지만 예전에는 우리 의식주의 한 요소가 되는 모든 옷을 오로지 바늘로 일일이 꿰매었기 때문에 바느질이 일상생활에 매우 큰 비중과 역할을 하였다.

특히 여인들의 손에서는 바늘이 떨어질 때가 별로 없을 뿐 아니라 심지어는 머리 쪽에 늘 꽂고 지낼 정도로 바늘이 일상의 반려품이 되었다. 그러니 나이가 많으신 할머니들은 눈이 어두워 바늘귀에 실을 꿰지 못하고 밖에서 놀고 있는 아이들을 불러 바늘에 실 좀 꿰어달라고 하던 일이 예사로운 일이었다.

여기에서 어떤 일의 결과 보다는 절차와 과정이 중요하다는 소위 민주적 개념이 새로워진다고 보겠다.

악으로 모은 살림, 악으로 망한다

●

정당하고 떳떳한 방법이 아니고 나쁜 짓을 하여 모은 재산은 오래 유지하지 못하고 결국에는 그 재산으로 인해 자신에게 불행한 결과가 돌아올 수도 있다는 말이다.

누구나 정직하고 바르게 살아야 함을 강조하는 교훈적인 뜻을 갖는 속담이라고 본다.

우리가 살고 있는 현실은 시간이나 공간을 초월할 정도로 혼란스럽고 복잡 다양하게 이어지고 있어서 언제나 정의와 불의가 함께 존재하기 마련이라고 볼 수 있을 것이다.

이와 같은 현상은 모두 우리의 마음에서 우러나오고 그 영향과 결과 또한 우리 인간들에게 돌아오기 마련이다.

우리 자신의 안전하고 행복스러운 삶을 위해서는 누구나 바르고 정의로운 마음을 갖고 다른 사람이나 사회 전체에 해를 끼치는 나쁜 일을 하지 말아야 한다는 마음을 삶의 기본자세로 삼아야 할 것이다.

그러나 대부분 사람들의 마음속에는 선(善)과 악(惡)이 함께 잠재하고 그러한 선과 악 중, 어느 한쪽이 조금이라도 우세해지면 그 방향으로 행동이 치우치게 되는데 그 방향이 불행스럽게도 악한 쪽이라면 누구나 정당하고 비르지 못한 행동이 표출될 수 있으므로 그렇지 않도록 항상 마음을 다잡고 견제하는 자세가 필요하다고 할 것이다.

실제로 우리 주변에는 자기 이익만 주장하는 이기주의나, 심지어 다른 사람을 억누르거나 속이어가며 자기 욕심만 챙기려고 하는 무례한 사람들 때문에 억울한 사람들이 속출하고 사회가 혼탁해져 개인들은 물론 사회 전체가 불행해지는 일들이 흔치 않게 일어나고 있음은 매우 안타까운 일이 아닐 수 없다.

그러한 일들은 인류 역사가 시작된 오래 전부터 있어 왔기에 각종 종교를 비롯한 성인들이 출현해 건전하고 평안한 사회와 개인들의 행복스러운 삶을 위하여 모든 사람들이 사랑과 자비와 어진 마음을 갖도록 노력해오고 있으며, 이 속담 또한 그러한 생각과 활동의 일환으로 우리 사회의 많은 사람들에게 회자되는 말이라고 할 수 있을 것이다.

바늘 가는데 실 간다

●

바늘과 실은 당초부터 같이 있어야 본래의 바느질 기능을 다할 수 있도록 만들어졌기 때문에 늘 함께 있어야 하듯이 두 사람이나 사물의 관계가 아주 밀접함을 빗대어 이르는 속담이다.

바늘과 실 중 어느 하나라도 없으면 둘 다 본래의 옷 꿰매는 기능을 할 수 없으니 바늘과 실은 천생연분(天生緣分)*으로 생각하고 항상 함께 있어야 한다는 뜻에서 나온 말이라고 생각된다.

바느질은 바늘이 앞잡이 노릇을 제대로 해야 바르게 되듯이 바늘과 실이 서로 앞에서 끌고 뒤에서 따르며 자기 나름의 본분과 역할을 충실하게 하는 것처럼 우리의 인간사도 서로 관련되는 사람들끼리 주어진 책임과 의무에 따른 기능의 중요함을 강조하는 뜻으로 본다.

한편으로는 바늘과 실의 앞뒤 관계를 내세워 우리 사회의 예절이나 자연 순리에 따른 생활 균형을 지켜야 하는 질서를 의미한다고 볼 수도 있을 것이다.

바늘 보다 실이 앞서는 바느질은 상상할 수 없듯이 옷 꿰매

한 줄 속담의 여유

는 일에서 바늘과 실의 앞뒤 위치가 바뀔 수 없는 사실은 변할 수 없는 이치이고 생활의 순서라고 볼 수 있기 때문이다.

어질고 현명한 임금이 있어야 충성스러운 신하가 있고 고명하고 인자한 스승 밑에는 총명하고 예의바른 제자가 뒤 따르기 마련이다. 위나 앞에서 먼저 정의롭고 올바른 길을 열어 나간다면 그를 본 받아 자연스럽게 아래나 뒤가 이어진다는 사실을 상기시켜주기도 하는 말이다.

그러나 일반적으로 이 속담은 가까운 사이나 떨어질 수 없는 긴밀한 관계를 일컬을 때 자주 사용되는 말로 단짝이 된 친구나 같은 일터에서 오랜 기간 동일한 업무를 다루느라 서로 떨어질 수 없이 함께 지내고 있는 사람들을 지칭하거나 비유하기도 한다.

또한 같이 있어야 할 사람이나 물건이 한쪽만 보일 때엔 으레 떠오르는 생각이 바늘 가는데 실이 따른다는 속담을 연상하게 된다고 할 수 있을 것이다.

---

*
天 하늘 천, 生 날 생, 緣 맺을 연, 分 나눌 분
하늘이 맺어 준 인연, 서로 부부 관계를 맺을 수 있도록 하늘이 정해 중 남녀 사이의 인연을 말한다.

부록

시(詩) 한 편의 여유

— 晩実 시 모음

●

가을 구름

겨울

오작교

기도

여운

농심

활 쏘기

시나브로

그리움

산불

가을 구름

누구나 느껴보는 파란색 하늘인데
뒷집 머슴애 담배 연기 뿜어내듯
뭉개뭉게 피어오르는 하얀 구름은
누구인가 내뿜는 가슴속 한숨 이었나

푸르른 바다 위에 물구나무서듯이
파란색 하늘 머리에 받치고
거칠은 파도 위의 하얀 포말처럼
올라오다 흩어지는 가을 구름이여

흰 구름 조각내어 파랑새 그려놓고
정안수 앞에서는 어머님 마음으로
평화도 사랑도 기원하는 사람들이
멈출 듯 사라지는 한조각 구름인가

2019. 10.

겨울

버스를 탓 습니다
창밖의 풍경이 휑하고
나무들이 앙상 합니다
갑자기 산하가 가여워 져
잎고 있는 패딩을
벗어 던져주고 싶습니다

그래도 봄은 오겠지요
저 나무들에 새 순이 돋고
산 들이 푸르러 질 테니
그 때를 기다려
마음껏 심호흡을 해야 겠어요

우리 모두 희망을 잃지 말고
기다리는 마음으로
이 추운 겨울을 지내는 겁니다

2019. 1.

오작교 烏鵲橋

우리 만나요 그냥
술잔을 주고 받으며
그으냥 웃으면서 얘기해요

견우와 직녀가 만나는데
까치가 오작교를 놓는데
만남에 이유와 까닭을 앞 세우지 말고

흐르는 강물처럼 빠르게
지나가는 세월 따라
무대 위의 장막이 내려가고 있는데

은하수 별들을 헤아리는 침묵과
두텁게 눌러 덮은 벙거지 벗어두고
이제 우리 그냥 만나서 웃어 봐요

2019. 8.

기도

여기 맥없이 식어 가는 가슴에
뜨거운 불을 붙여 주소서

어떻게 살아 왔는지
뒤가 안 보이고
살아가야 할 날들이 캄캄 합니다

백세 시대라니
실오라기라도 잡고 싶은데
도대체 걸리는 것이 없습니다

별 빛 찬란했던 밤하늘이 그리워지며
황혼 빛에 물드는 소녀의 꿈과
석양을 그리는 화가가 되고 싶은데

지난 날 심어놓은 어린나무의
커가는 모습이 그립기만 하니
덧없이 식어 가는 세월이 멈추도록
용광로와 같은 뜨거움을 주소서

2019. 3.

여운 餘韻

설날도 명절 연휴連休도 끝나면
기다리며 반기든 손주놈들 가고
다시 시작되는 늙은날의 적막 공간

손가락 접어가며 기다리든
어린 시절 설날처럼
흰 머리에 밤 새워 기다려짐은
설날인가 외로움인가

짐 꾸러미에 늘어진 몸으로
까치 떼 몰려오듯
요란 떨며 들어서는 자손들과
길었던 연휴連休도 눈 깜짝하고
머리 꾸벅하며 떠난 뒤엔

고운 얼굴들 이제 그만
명절연휴 지나듯 보내고 나면
길게 남는 아쉬움만 온 집안 가득
늙는 세월 다시 기다릴 수 있으려나

2020. 1.

농심 農心

하늘이 터지는 날 에야
비가 오려 나
목 타는 농부가 개울을 파는데
심어진 벼가 뒤 틀리며
고추 배추가 시들어
고개를 떨 군다

눈 녹은 양달에
산불이 나더니
찔레꽃 피고
뻐꾹 새 울음소리 처량한데
비는 오지 않고
들녘 아낙네의 가슴만 태운다

숨 막힐 듯 뿌연 미세먼지와
문 열어 놓은 채 틀어놓는 에어컨이
두 손 비비며 기우제 올리는
농부의 가슴에 뿌려지는 빗물 되어
흙먼지 뽀얀 대지를 적시려나

2020. 6.

활 쏘기

나에게 왜
활을 쏘느냐고 묻는다면
관중貫中하여 맞추기보다
한 평생 삶에 지친 연륜年輪으로
가슴에 뭉쳐진 응어리와
파괴와 오염으로 얼룩 진 세상을
한 가닥 화살에 실어
날려 보내는
희열喜悅 때문이련다

자꾸만 패이고 깍이는 산과 들
갈수록 온실 가스가
차오른다는
지구가 싫어지고
하늘 높은 줄 모르는
인간의 오만함이
과녁貫革 뒤에 숨겨져 있는 것 같아
힘껏 시위를 당기고 싶어지는데

저 과녁貫革은
무슨 잘못 그리 많기에
저마다 쏘는 화살을
비 맞듯 맞으면서도
아무 말을 못하는가

2017. 7

시나브로

처음엔
열아홉 명이 모였지요
정년이라고 정해놓은
고개를 넘으면서

아직은
얼굴도 팽팽하고
제법 높다는 산도
거뜬히 오르내리면서
술 잔은 채우기가 바쁘게 비워지고
더러는
객기도 부리곤 했지요

삼년이 지나고
오년이 지나면서
누구인지 모르게
술 잔 비우기를 버거워 하며
혈압이 높아지고
당뇨가 어떻고
또 누구는 허리가, 무릎이
그래도 열아홉 명은
매 달 만나 소식을 나눴지요

그러다 또 얼마가 지나고부터는
한 명, 두 명
열두 명이 모이다가
이제는 다섯 명이 남았는데
이렇게
시 나 브 로
사람은 안보이고
세월은 흐르는가 봅니다

2015. 5.

그리움

군대 갔을 때
첫 휴가 마치고 가는 날
거수경례 하는
군복 주머니에
동전 쑤셔 넣는 엄마의 손이
파르르 떨렸다

사립문 나와
산모퉁이 돌아서며
뒤 돌아보니
금시今時라도 따라 올 듯
흔들고 있는 어머니의 손이
신작로新作路 자갈 길 위로
달려오는 완행버스 유리창에
그대로 흔들리고 있다

군에서 지급된
해진 양말과 내복을
겹겹이 기워주던
어머니의 마음
내가 어른이 되어
자식 군 보내고 나니
겨우 알 것도 같은데
어머니 무덤위에

수북한 잡초를 베고 있는
내 모습을
지금 어데서 보고 계실까
어머니!

2015. 9.

산불

온 산이 까맣다
풀잎과 나뭇잎 가지도 줄기도
뿌리를 덮은 흙까지 까맣다

몇 십 년 동안
그 보다 더 긴긴 세월을
대지 속 깊게 뿌리박고
뽑아올린 싱싱함으로 단장한
푸른 5월의 싱그러움인데

살모사 혀처럼 날름거리는
시뻘건 불꽃과 검은 연기가
한 순간 천지를 뒤 덮더니
내가 심은 어린 나무도
내가 가꾼 어른 나무도
모두 까만 재가 되었다

산동반도를 넘어오는 바람인가
태평양을 건너오는 바람인가
불꽃들이 푸른 산을 태우니
내 마음도 까맣다

2017. 10.

● 갈라북스 · IDEA Storage 출간 도서